EL
LIBRO DE DIBUJO
DE ANIMALES
PARA
NIÑOS

Cómo Dibujar
365 Animales,
Paso a Paso

Fundadora de Woo! Jr. Kids Activities: Wendy Piersall

Dirección de Arte/Instrucciones escritas e ilustradas por: Lilia Garvin

Ilustración de cubierta: Michael Koch | Sleeping Troll Studios
www.sleepingtroll.com

Ilustración interior: Avinash Saini

Publicado por DragonFruit, una divisón de Mango Publishing Group, Inc.

Para solicitar autorización, sírvase contactar a la editorial:

Mango Publishing Group
2850 Douglas Road, 4th Floor
Coral Gables, FL 33134 USA
info@mango.bz

Para pedidos especiales, ventas por volumen, cursos y ventas corporativas, escriba a la editorial a sales@mango.bz. Para ventas comerciales y mayoristas, por favor escriba a Ingram Publisher Services a customer.service@ingramcontent.com o llame al +1.800.509.4887.

El libro de dibujo de animales para niños: Cómo dibujar 365 animales, paso a paso

ISBN: (p) 978-1-64250-838-3

BISAC: JNF006040—JUVENILE NONFICTION / Art / History

Tabla de Contenidos

¡cómo usar este Libro!

¡Todo lo que necesitas es un lápiz, borrador y un pedazo de papel!

Sigue el diagrama de cada dibujo paso a paso:

Consejos:

Primero dibuja ligeramente, porque podrías necesitar borrar algunas líneas mientras trabajas.

Agrega detalles de acuerdo con los diagramas, ¡pero no te preocupes de hacerlo perfecto! Los artistas a menudo cometen errores, pero encuentran formas de hacer que sus errores se vean interesantes. Puedes borrar errores, o usarlos como nuevas decoraciones.

No te preocupes si tus dibujos no salen como querías. ¡Sólo sigue practicando! Algunas veces ayuda dibujar la misma cosa unas cuantas veces.

Puedes dibujar un nuevo animal cada día por 365 días, o varios cada día. Para un desafío adicional, usa tu creatividad para combinar varios animales en una escena completa.

¿Quieres agregar más Detalle?

¡Puedes introducir técnicas de sombreado para que tus dibujos sean más realistas y divertidos! Una vez que has terminado tus líneas, considera sombrearlas de una de estas formas:

Técnica de sombreado: Tramado

En el tramado, dibuja montones de líneas que no se crucen. Puedes presionar más fuerte con el lápiz para hacer líneas más oscuras y hacerlas más pegadas para un gradiente más lleno y consistente (en arte, un gradiente es una transición de un color o matiz a otro).

Donde sea que pongas trazos en el papel, se verá más oscuro. Para tus partes más claras, no pongas trazos.

Técnica de sombreado: Tramado Cruzado

El tramado cruzado es muy similar al tramado. La diferencia clave es que ahora también querrás hacer trazos desde una segunda dirección. Practica esta técnica con lápiz o bolígrafo. ¡Ambos son muy buenos materiales para hacer tramado cruzado!

Técnica de sombreado: Circulismo

El circulismo es un método en el que sombreas con trazos mucho más aleatorios que el tramado o el tramado cruzado. Para el circulismo, usa trazos circulares y garabatos. No te preocupes por la dirección en que se mueve tu lápiz. Trata de mantener tu muñeca suelta y relajada.

Recuerda superponer tus trazos, o hacer capas con ellos, y ponerlos en tus áreas más oscuras.

Técnica de sombreado: punteado

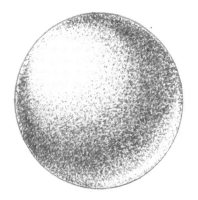

El punteado también es conocido como puntillismo. Para puntear, sombreas con muchos, muchos puntos pequeños. Es un poco parecido a como se usan los píxeles para sombrear en una pantalla de computadora. La cercanía o densidad de tus puntos determinarán tus puntos más oscuros. Elige un punto de inicio, y luego cuidadosamente levanta tu lápiz o bolígrafo y presiona para hacer tus puntos. Trata de evitar hacer líneas o trazos.

Técnica de sombreado: suavizado

Con el suavizado, los trazos que hagas en el papel no importan tanto. Puedes empezar con trazos de tramado, tramado cruzado, o circulismo. Trata de hacer que tu sombreado sea suave y cercano. A continuación, frota los trazos del lápiz. Puedes usar un pañuelo facial, servilleta o incluso tus dedos. Límpiate las manos cuando hayas terminado. ¡Están sucias!

Practicando valor

Ejemplo

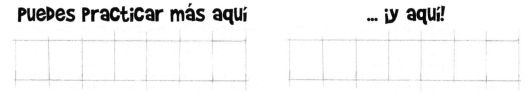

En arte, valor significa el grado de luz u oscuridad de un color. Ahora mismo, ya que estamos sombreando con lápiz, ese color es negro, y la variación en valor se llama escala de grises. Vamos a practicar cómo hacerlos.

Usa la escala para sombrear de claro a oscuro. El papel puede ser tu matiz más claro. Presiona un poco más fuerte para cada nuevo matiz, hasta que llegues al más oscuro.

Puedes practicar más aquí

... ¡y aquí!

Si quieres practicar más, ¡puedes hacerlo! Primero dibuja una fila de cuadrados. Usa una regla para ayudarte, o cualquier superficie dura. Está bien si las líneas no son perfectas. ¡Después de eso, sombrea!

SomBreaDo Paso a Paso

Paso 1: CompIeta tus líneas

Hojeando el libro, encuentra el animal que quieres dibujar. Para este ejemplo, vamos a sombrear el Akita de la página 14.

Sigue los pasos para dibujar tu animal. Después oscurece las líneas usando presión fuerte con su lápiz, o entintando con un bolígrafo sobre tus líneas. Si decides entintar con un bolígrafo, espera que se seque la tinta y borra los trazos de lápiz.

Paso 2: Escoge tu métoDo

Decidamos cómo sombrear a este buen perro. Ya que nuestro Akita es un perro peludo, parece que el tramado sería bueno para replicar la textura del pelo. Vamos a entramar ligeramente con un lápiz, para hacer que el pelo del Akita se vea suave. Probemos en una sección pequeña para ver cómo se ve.

Paso 3: LIena las áreas con somBreaDo

Establece las áreas que quieres que sean más oscuras en tu animal. Aquí, hemos decidido hacer más oscuras las partes superiores de nuestro perro, y dejar la parte inferior un blanco esponjoso. Entonces, vamos a poner más tramado en las otras áreas que queremos oscurecer.

Recuerda dejar algunas áreas del papel en blanco para tener resaltes, incluso en tus partes oscuras. ¡Esto hará que tus animales se vean un poco más realistas!

Paso 4: Añade textura a otras partes

Aunque decidimos dejar blanca la panza de nuestro perro, aún podemos agregar textura en esa área. Usemos trazos pequeños, y no presionemos muy fuerte. Esto asegurará que la parte blanca de su pelo siga siendo clara, pero añadirá un poco de dimensión al dibujo.

Paso 5: Oscurece tus oscuros

Hemos puesto nuestros tonos claros y medios. Para decidir dónde poner los oscuros más oscuros, imagina que una luz ilumina a nuestro perro y adivina dónde quedarían las sombras.

Ahora, tomemos nuestro lápiz y agreguemos algunas partes más oscuras para añadir sombras. Suavemente agregaremos sombras pequeñas a las áreas de pelo blanco, en capas en algunas partes que ya tienen tonos medios. Ten cuidado de no excederte. Luego, pondremos sombras en las otras áreas. Oscurece alrededor de los bordes, y pon los más oscuros en las áreas que tienen sombra en el pelaje, sin tocar las áreas de papel en blanco con las que comenzamos.

Paso 6: Últimos Detalles

¿Falta algo? En nuestro Akita, ¡parece que necesitamos sombrear su nariz y lengua!

Hagámoslo con líneas suaves y pequeñas, manteniéndonos cuidadosamente dentro del área que queremos sombrear. ¡Ahora nuestro buen perro parece un dibujo terminado!

¡Practícalo tú! Puedes encontrar el Akita en la página 14.

Consejos y Recordatorios

Variar el sombreado en áreas grandes puede agregar textura a tus animales favoritos.

Considera agregar sombras adicionales entre las plumas, escamas y el pelo para más originalidad.

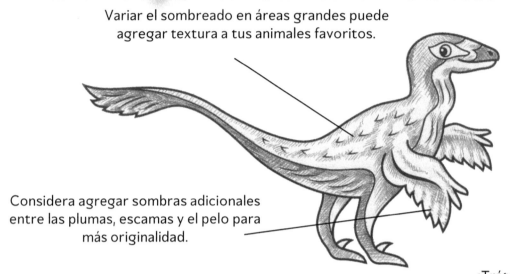

¡Trátalo tú!
Puedes encontrar el Deinonico en la página 127.

Puedes entintar tus líneas y borrar los trazos de lápiz antes de sombrear.

Deja el papel en blanco, o usa un borrador para resaltes.

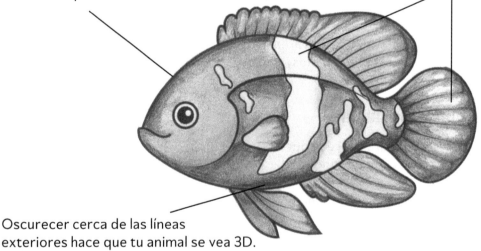

Oscurecer cerca de las líneas exteriores hace que tu animal se vea 3D.

¡Trátalo tú!
Puedes encontrar el pez óscar en la página 111.

¡Lo mas importante es que te Diviertas!

Mamíferos Domésticos

Beagle

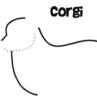

Chihuahua

Corgi

Pug

Pastor alemán

Bassett Hound

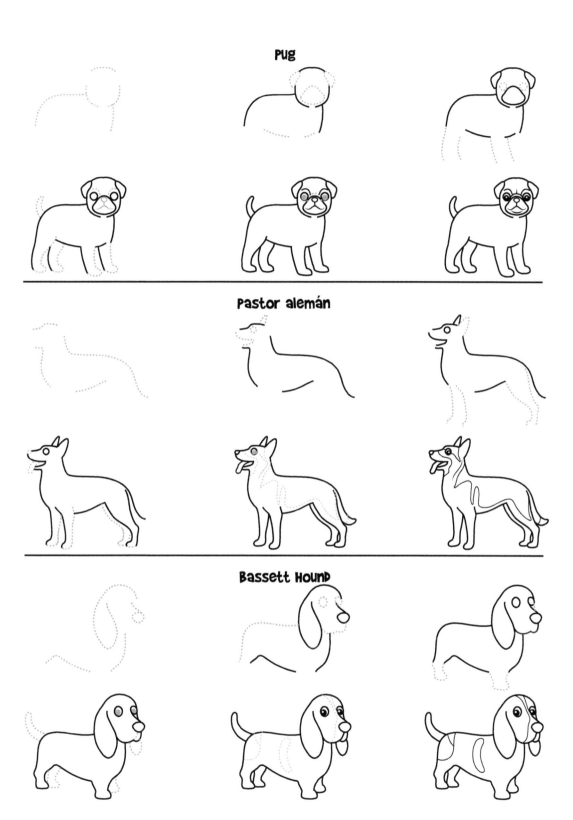

Setter irlandés

Husky

Boyero de Montaña Bernés

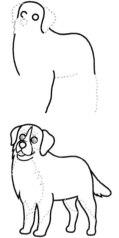
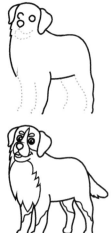

Coonhound

Whippet

Gran Danés

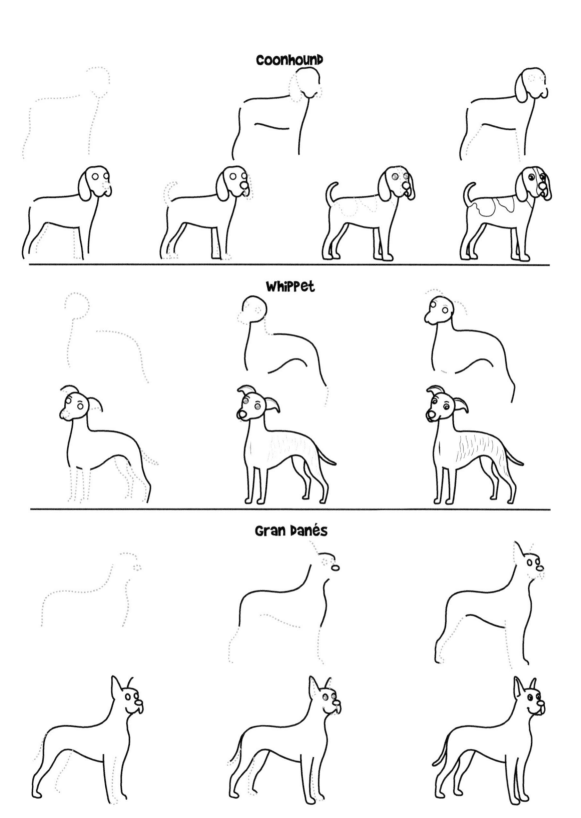

Golden Retriever

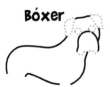

Bóxer

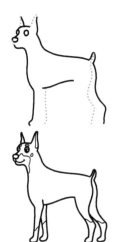

Dóberman

LaBrador Retriever

Pomerania

Bulldog

Akita

 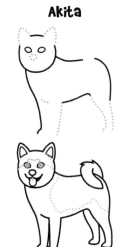 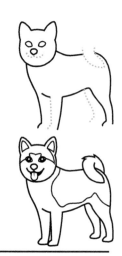

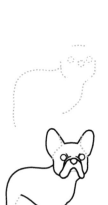  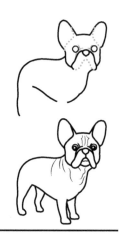

BullDog Francés

PitBull

  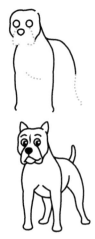

Cachorro De Pug

Cachorro De Beagle

Cachorro De Pastor Alemán

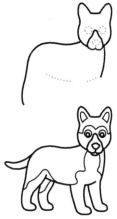

Cachorro De Corgi

Cachorro De Golden Retriever

Cachorro De Chihuahua

Gato siamés

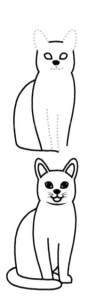

Gato americano De Pelo Corto

Gato Azul Ruso

Gato De Pelo Largo

Gato Munchkin

Gato Bengala

Gato Maine Coon

Gato Esfinge sin Pelo

Gato Ragdoll

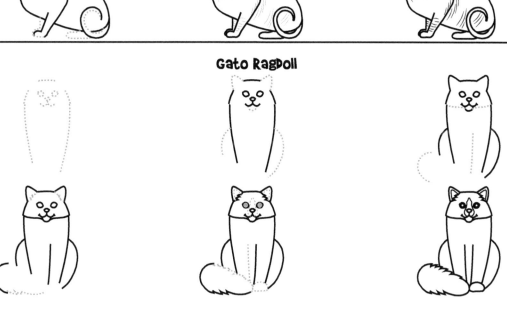

Gatito siamés

Gatito Americano De Pelo Corto

Gatito de Ragdoll

Gatito de munchkin

Gatito de Esfinge sin Pelo

Caballo Árabe

Caballo Fiordo Noruego

Caballo Akhal-Teke

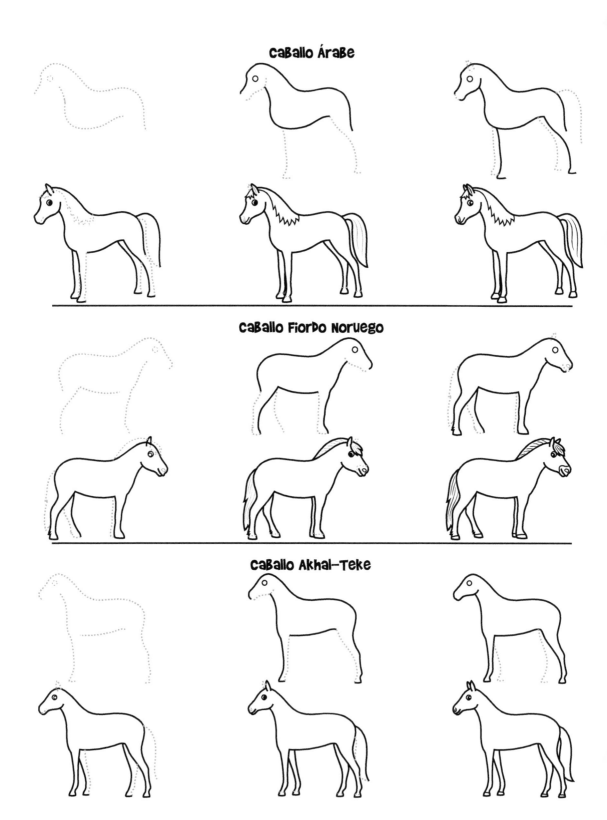

CaBallo Mustang

CaBallo Frisón

CaBallo Clydesdale

 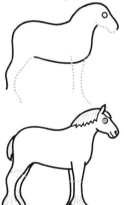 

Poni De Las Islas Shetland

 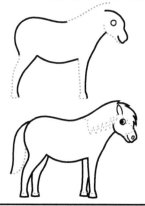 

Poni De Dales

Poni Miniatura Americano

oveja

caBra Doméstica

Burro

yak

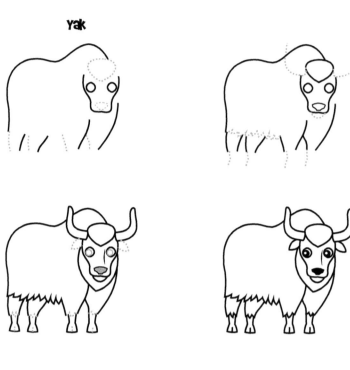

Buey

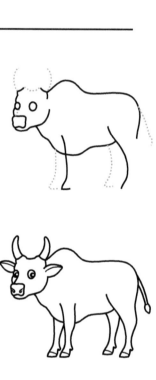

Búfalo De Agua

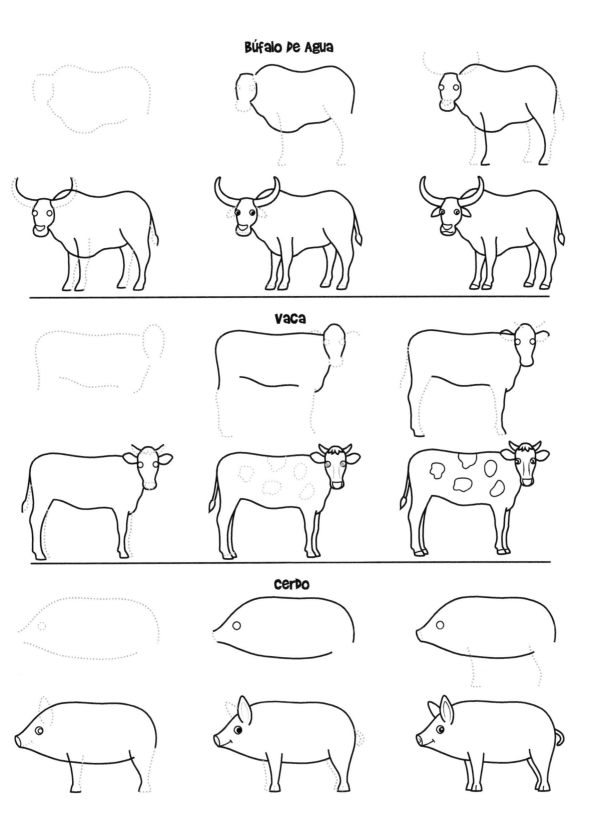

Vaca

Cerdo

cerdo Barrigón Vietnamita

Alpaca

conejo

Hámster

Chinchilla

Jerbo

¿Necesitas espacio para practicar?
¡Trátalo aquí!

Mamíferos silvestres

Lince

Tigre

Leopardo de Nieve

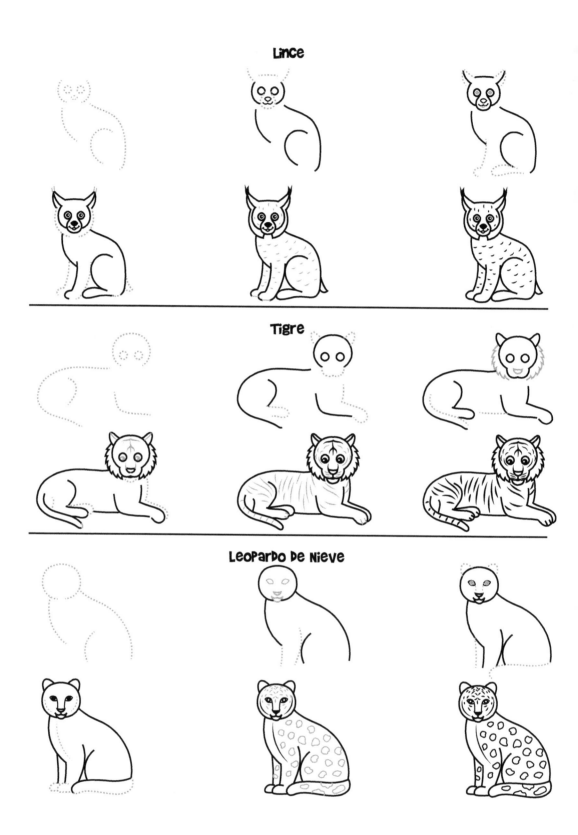

Puma

ocelote

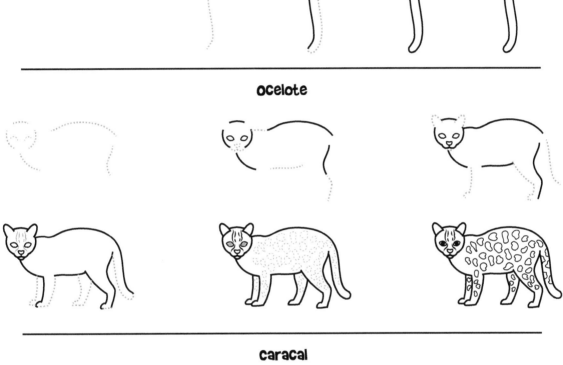

caracal

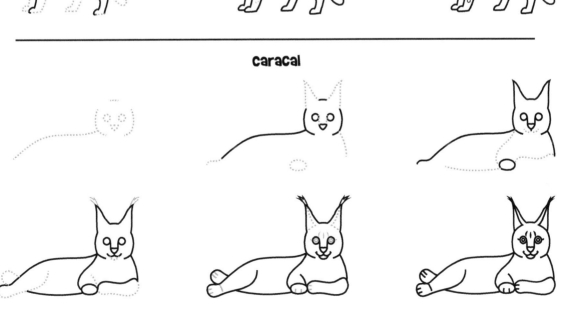

Jaguar

Guepardo

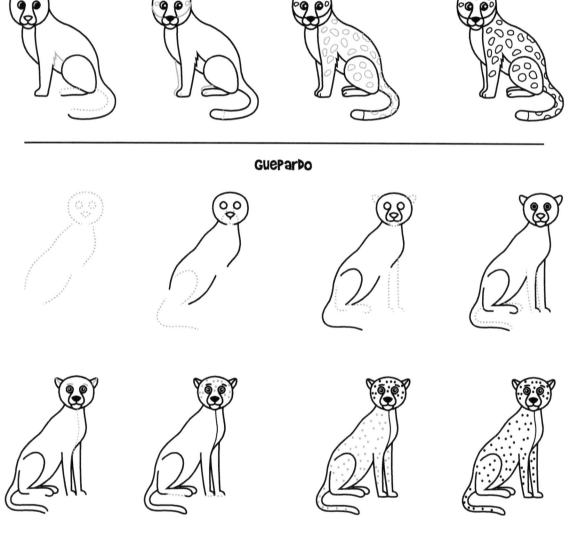

Leona

Cachorro De León

León

Jirafa

Okapi

Camello Dromedario

Camello Bactriano

Elefante

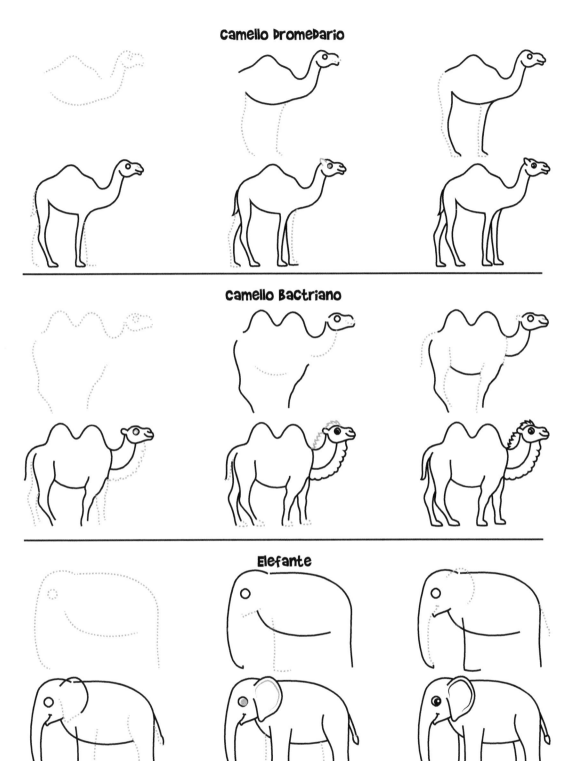

mono Dorado De nariz Chata

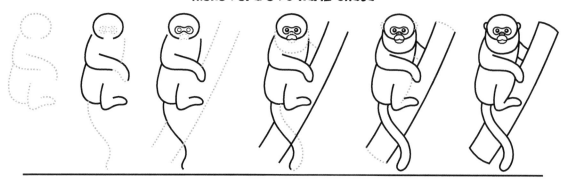

Gorila

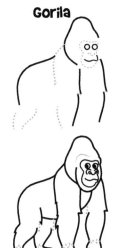

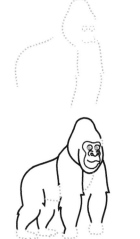

Chimpancé

Lemur

Orangután

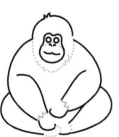

BaBuino De Guinea

MandRill

GiBón

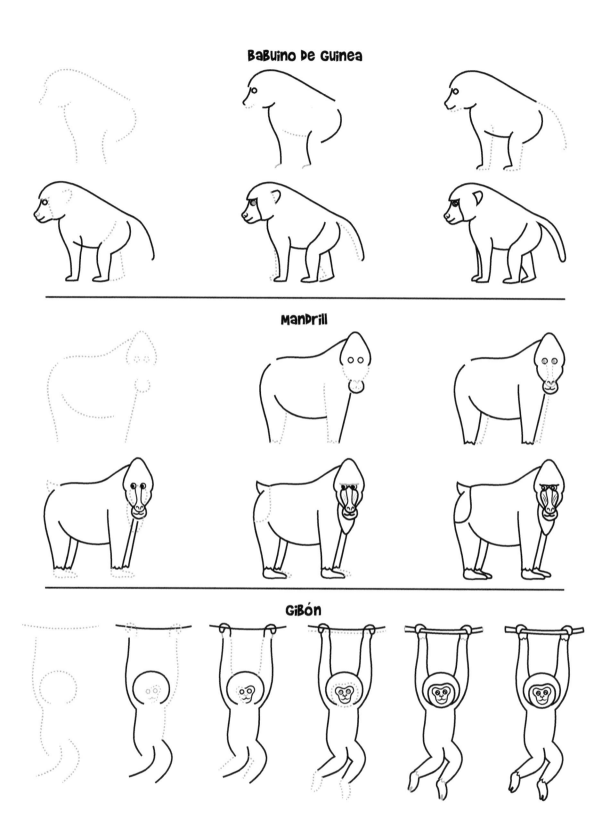

Tamarino

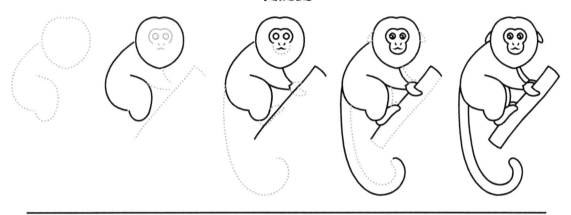

Capuchino

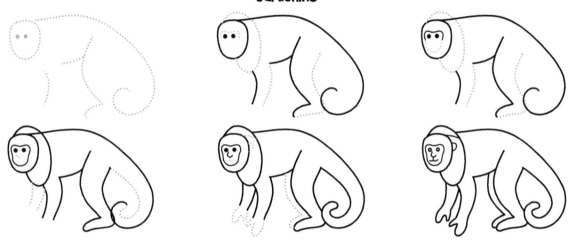

Marmoset

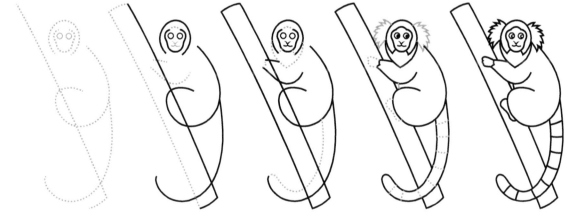

Venado

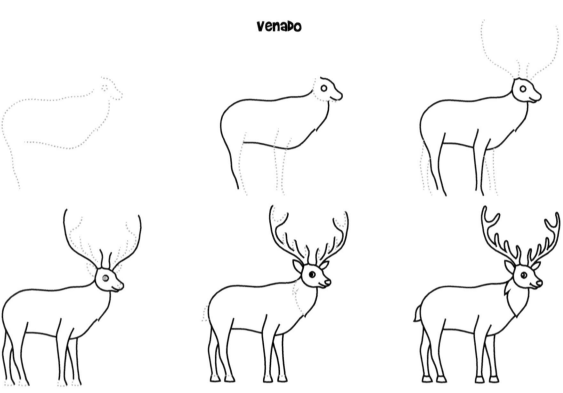

Gacela

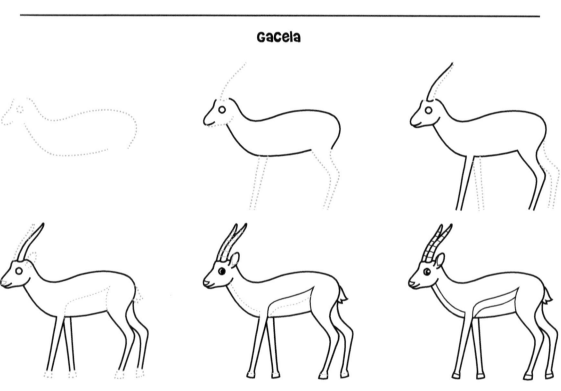

Alce

Venado de Cola Blanca

ciervo ratón

Uapiti

Antilope

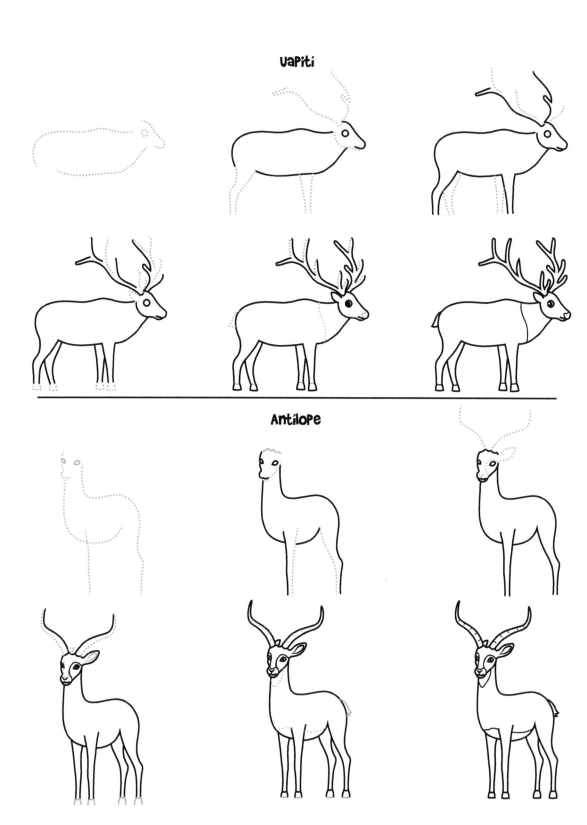

Reno

Dik-Dik

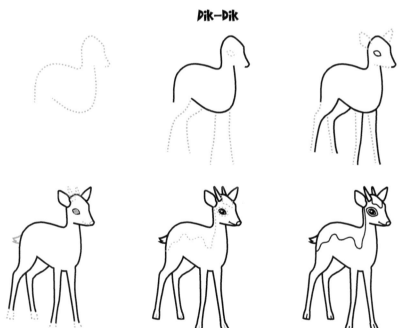

Llama

Oso Negro

Oso Perezoso

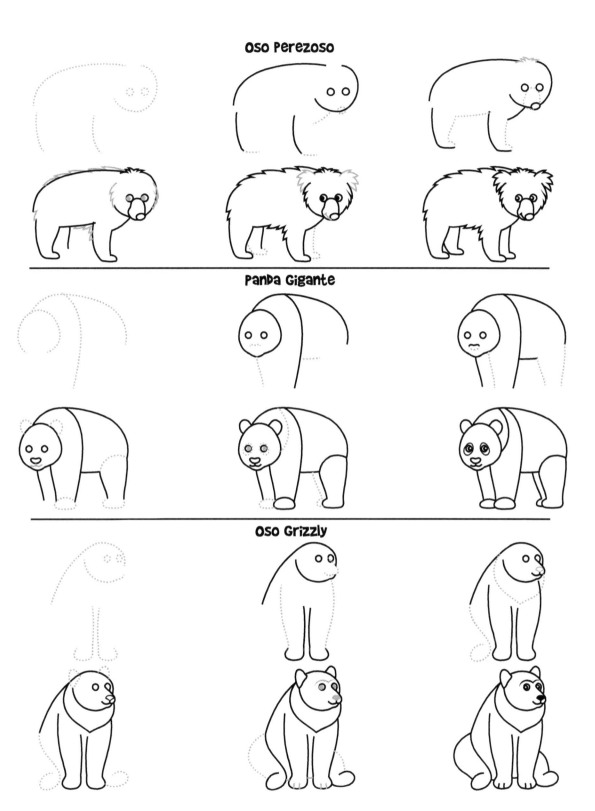

Panda Gigante

Oso Grizzly

Koala

Panda Rojo

Oso Malayo

Oso Polar

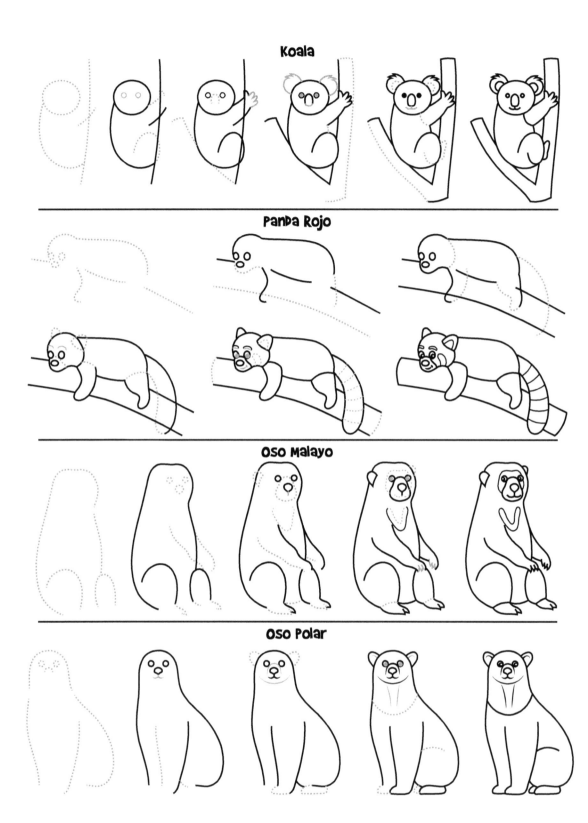

ÍBiCe SiBeriano

CaBra Argalí

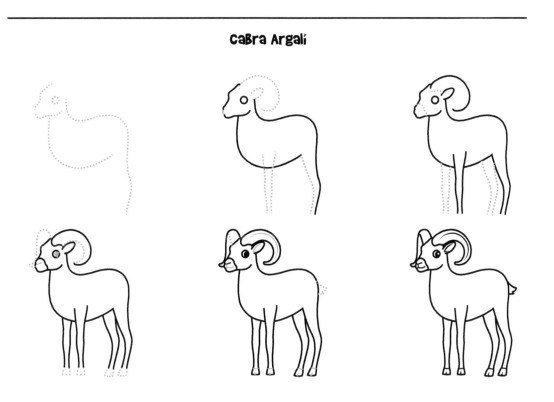

Borrego Cimarrón

Rinoceronte

Hipopótamo

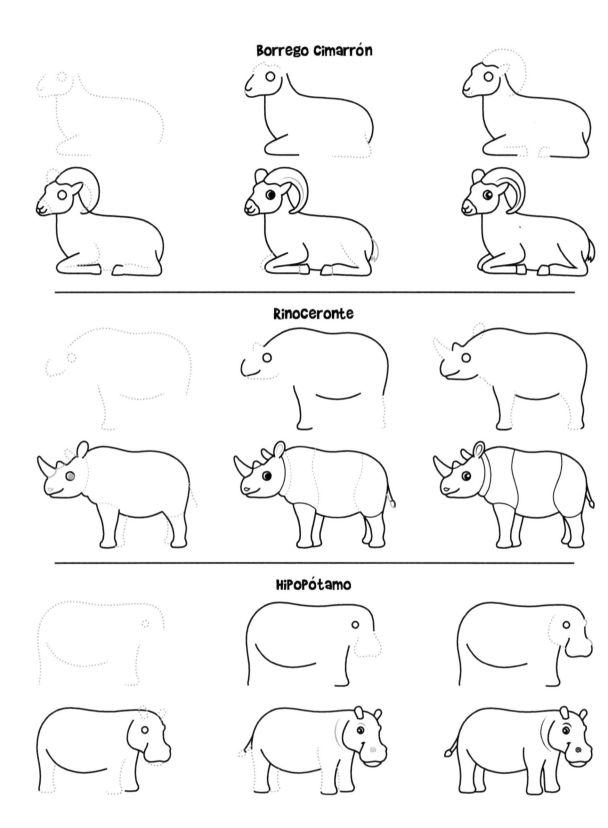

Búfalo cafre

Takin

Ñu

Hiena

ceßra

Tapir

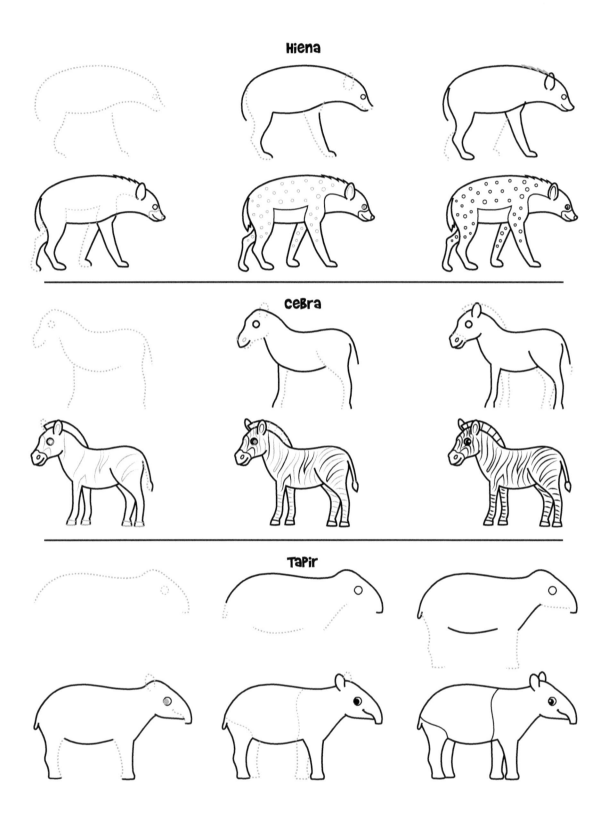

JaBali silvestre

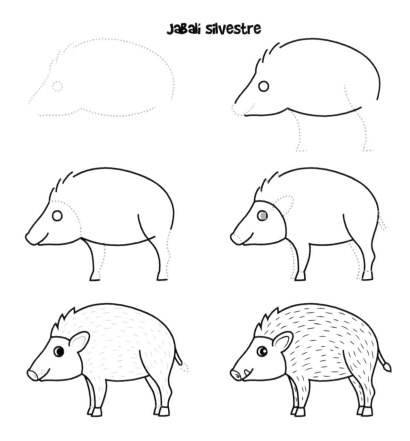

Pangolin

Perezoso

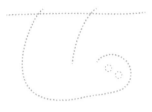 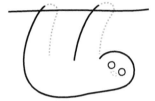 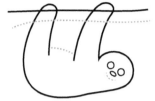

Oso Hormiguero

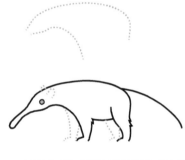  

Cerdo Hormiguero

Wombat

Quoll

Zarigüeya Australiana

55

Demonio De Tasmania

Mapache

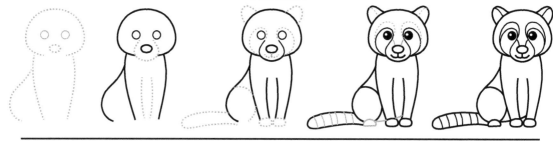

Coati De Cola Anillada

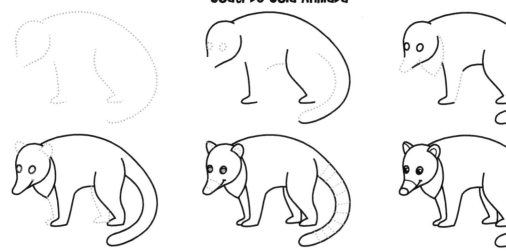

coyote

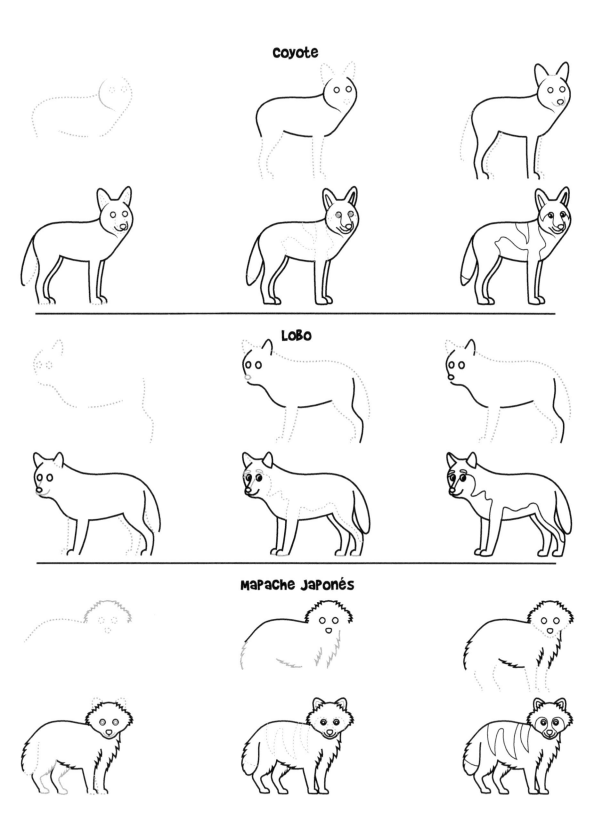

LOBO

MAPACHE JAPONÉS

zorro Fénec

cachorro De Zorro

Zorro Rojo

canguro

Quokka

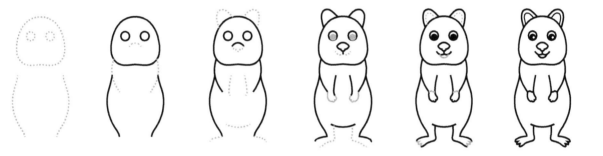

Tejón De la Miel

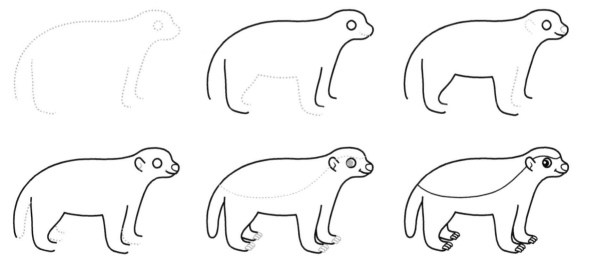

Erizo

Zarigüeya

Murciélago

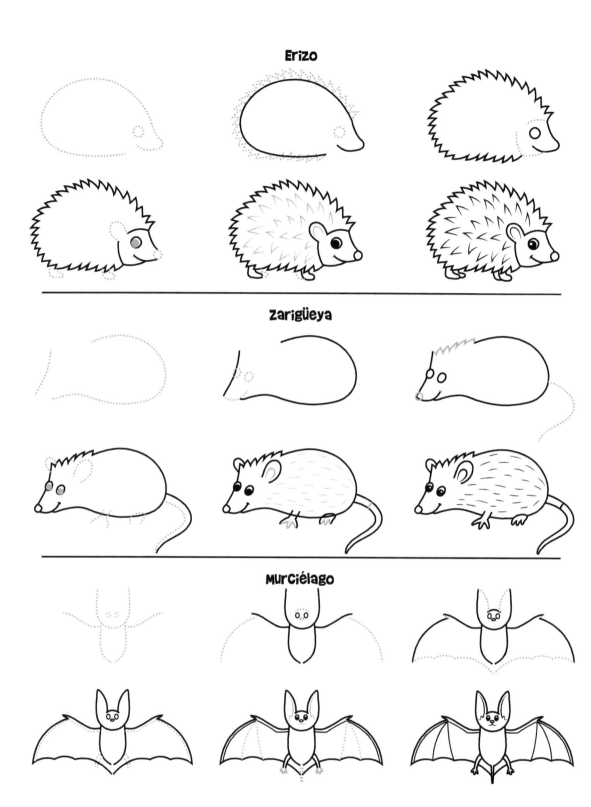

castor

ornitorrinco

nutria

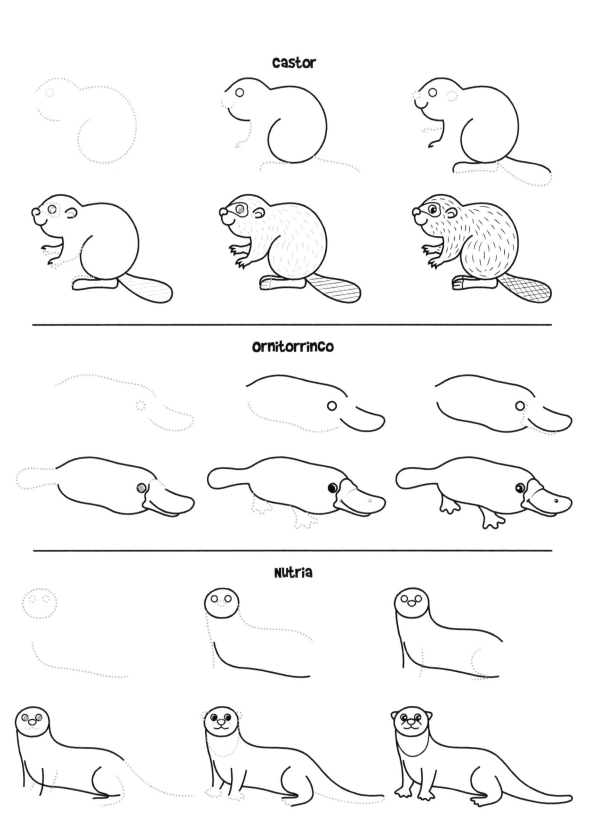

Armadillo

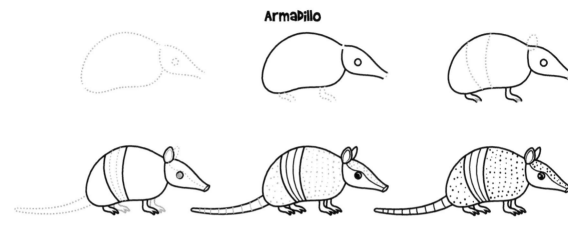

Ardilla Listada

Marmota

CAPiBARA

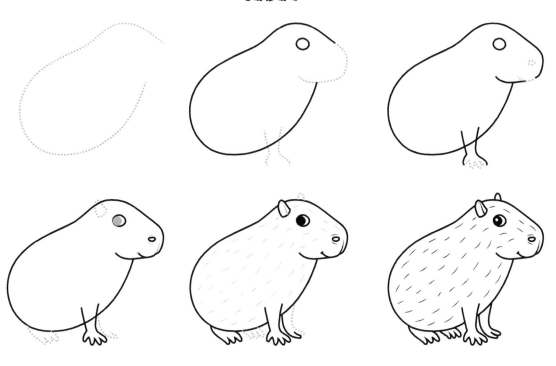

PUERCOESPiN

Planeador del Azúcar

Ardilla

Suricato

Rata

Ratón

Ardilla Voladora

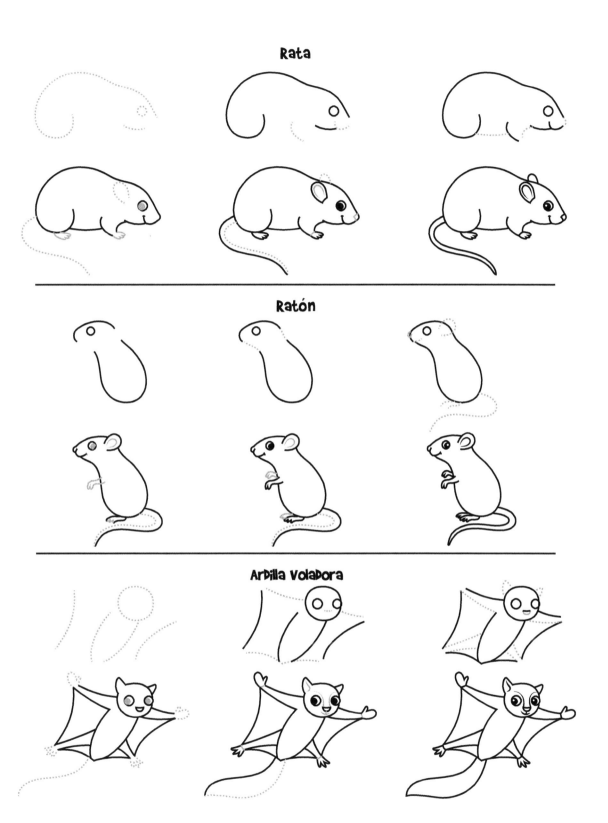

¿Necesitas espacio para practicar?
¡Trátalo aquí!

Aves

Chara Azul

Periquito

Cardenal

Grulla

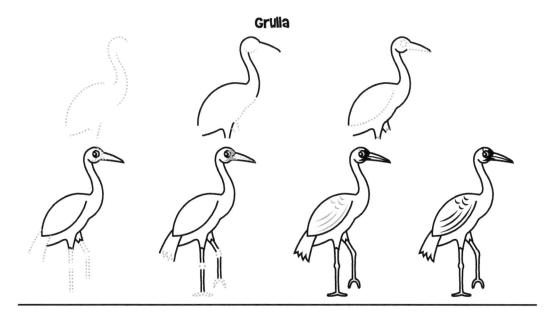

cernícalo

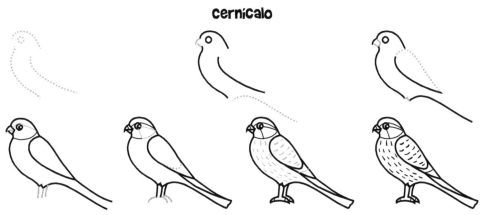

Pollo

Pato

Águila Real

Águila Calva

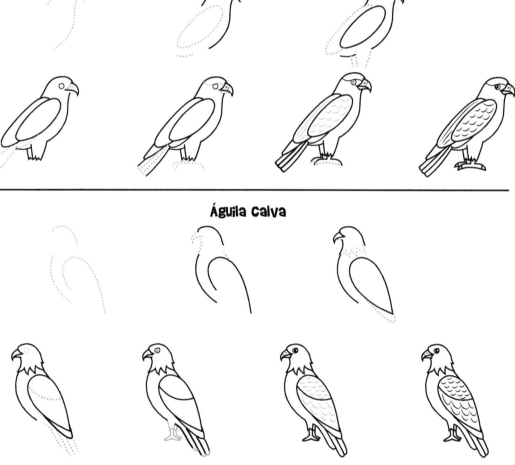

Lechuza Común

Águila Crestilarga

Pigargo gigante

Busardo Blanco

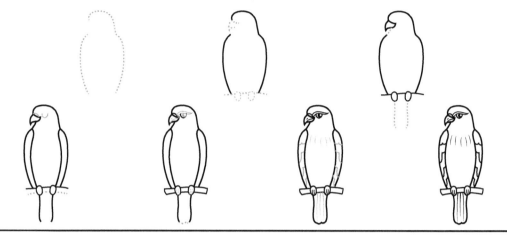

Gerifalte

Gavilán Común

Ganso

Colibrí

Flamenco

cucaBurra

cálao Bicorne

Emú

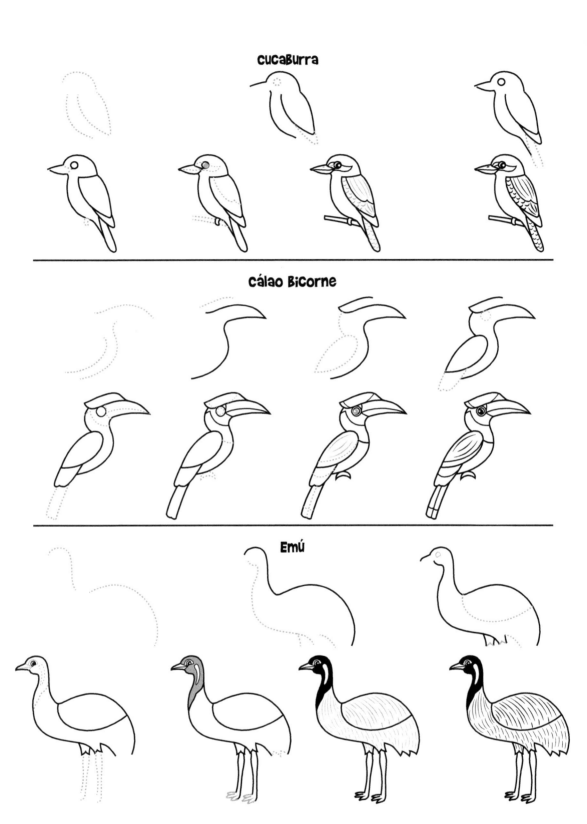

Codorniz

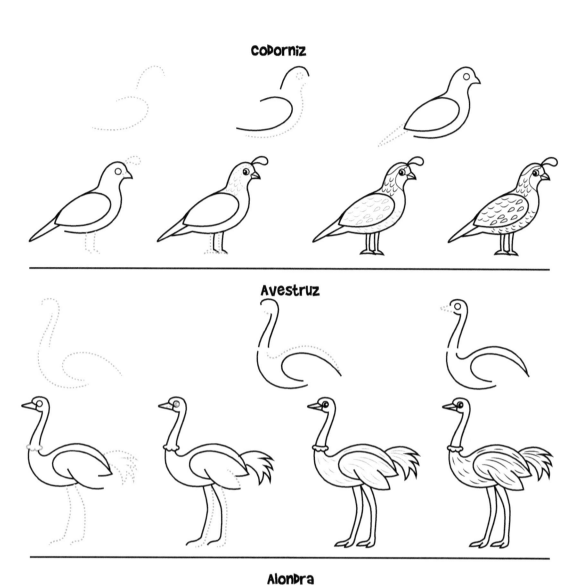

Avestruz

Alondra

Búho Del Ártico

Autillo Chillón

Búho Americano

Guacamayo Rojo

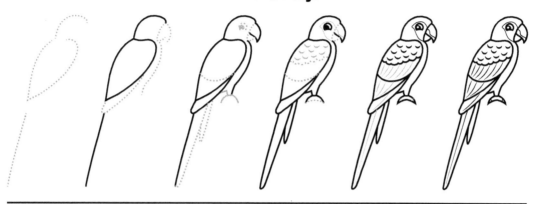

Cacatúa Galah

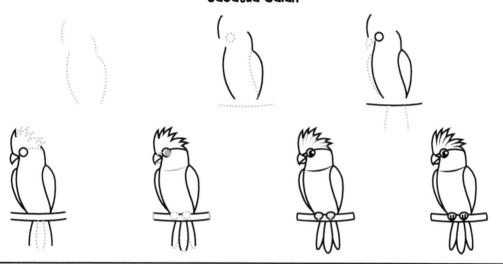

Periquito De Corona Azul

Pelícano

cacatúa Blanca

Pingüino

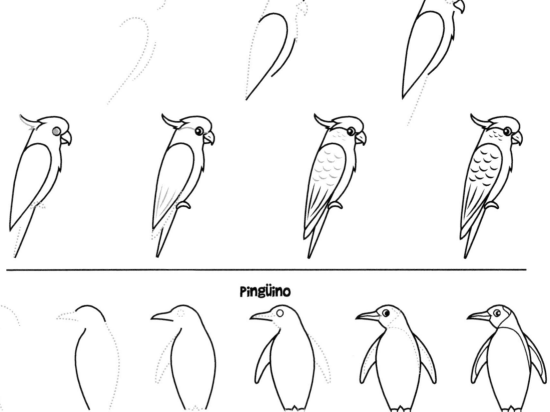

Gallo

correcaminos

cuervo

Cisne

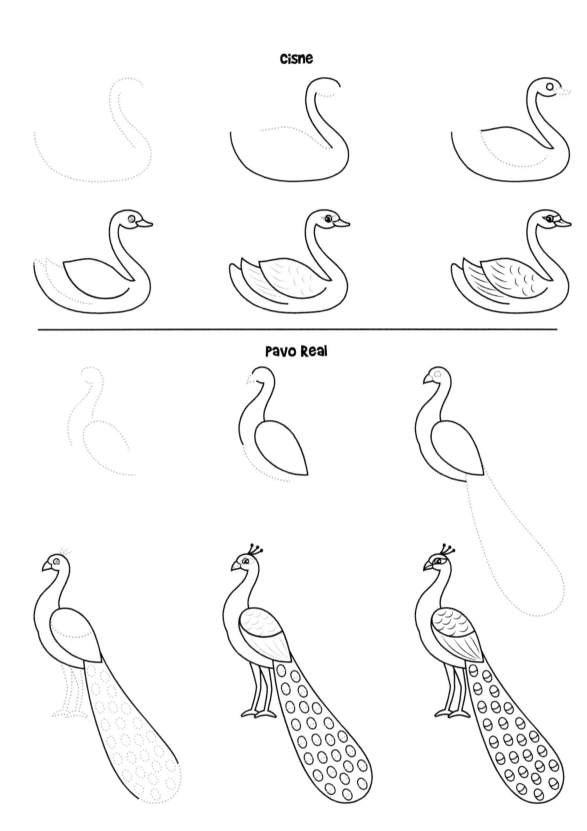

Pavo Real

Tucán

Gaviota

Pavo

¿Necesitas espacio para practicar?
¡Trátalo aquí!

Insectos y Arácnidos

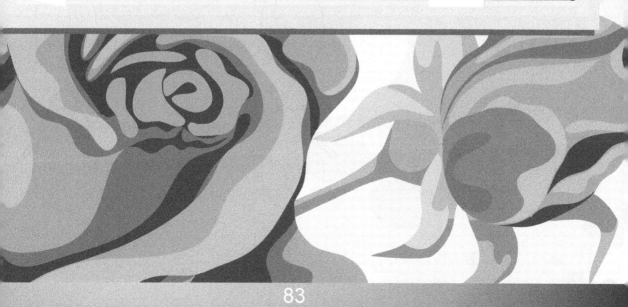

Hormiga

Hormiga Reina

EscaraBajo Pelotero

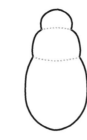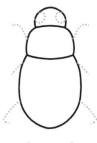

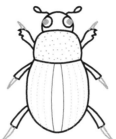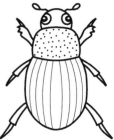

LiBélula

Luciérnaga

Grillo

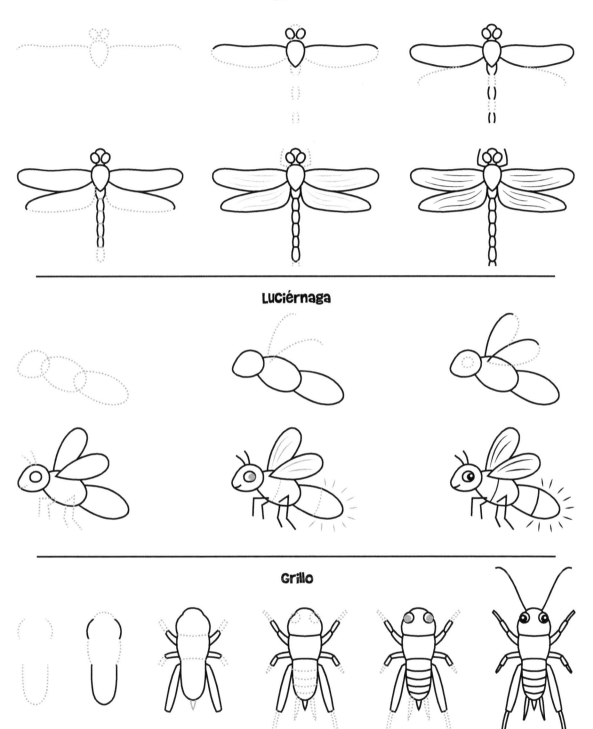

Mariquita

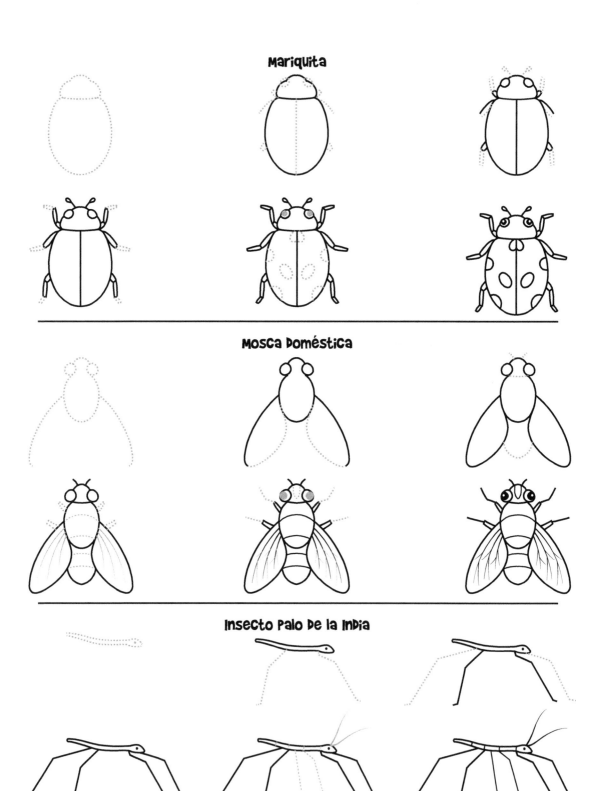

Mosca Doméstica

Insecto Palo De la India

Oruga Monarca

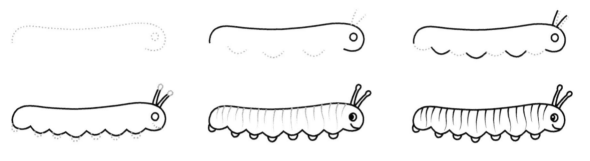

Mariposa Monarca

Escarabajo Rinoceronte

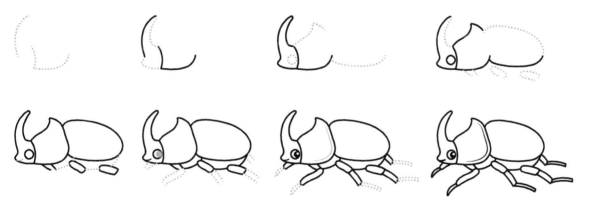

Oruga de Mariposa Ulises

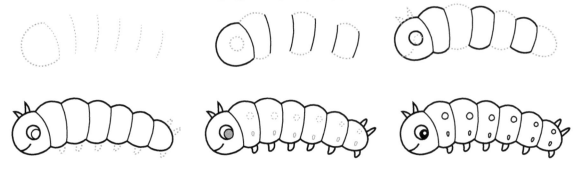

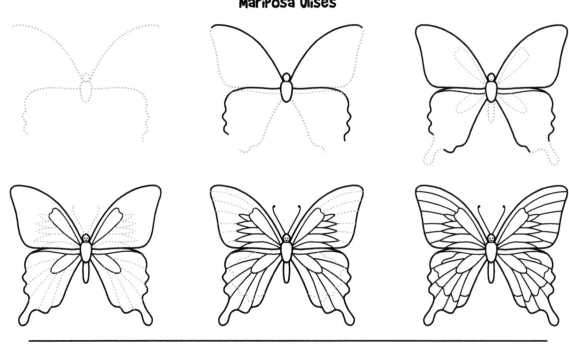

Mariposa Ulises

Ciervo Volante

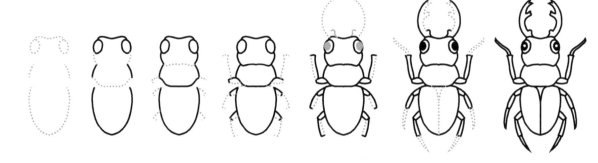

Avispón

ABejorro

AVisPa

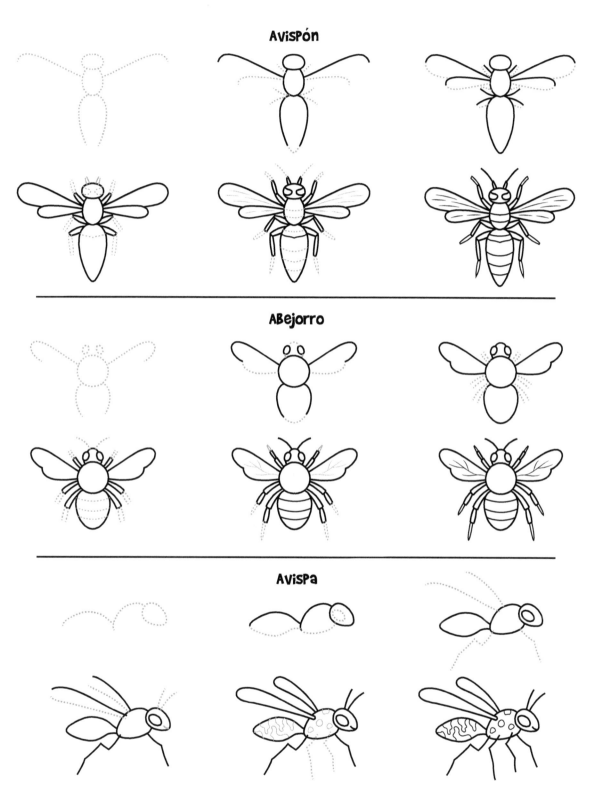

Polilla

Mariposa Luna

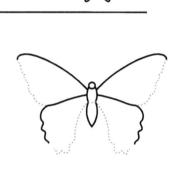

Mariposa Cola De Golondrina

Araña

Escorpión

Mantis Religiosa

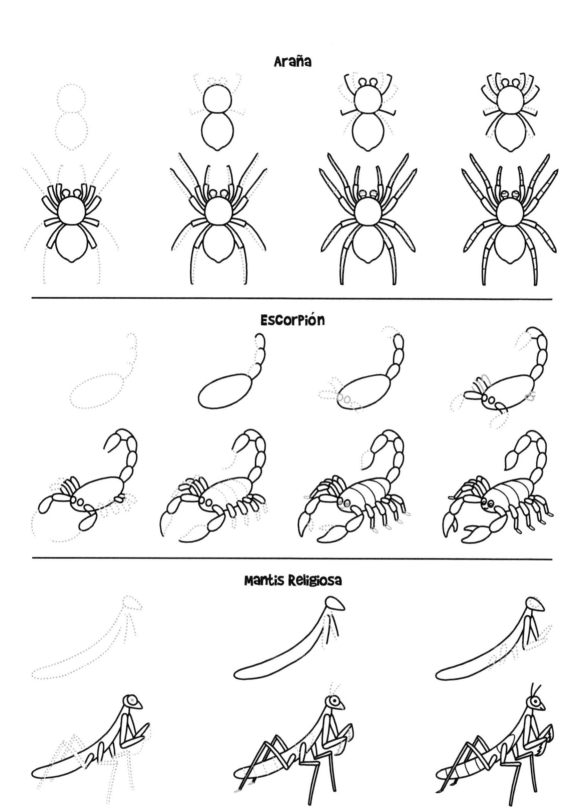

¿Necesitas espacio para practicar?
¡Trátalo aquí!

AnfiBios y Reptiles

Ajolote

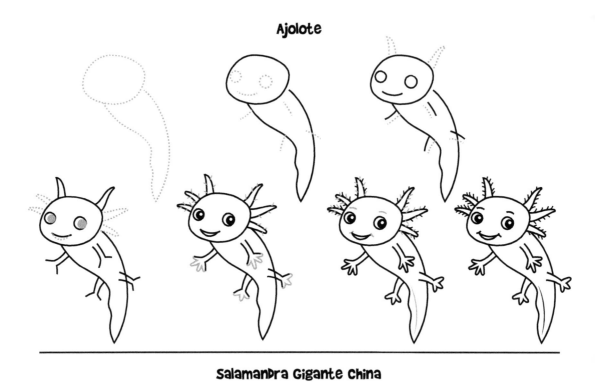

Salamandra Gigante China

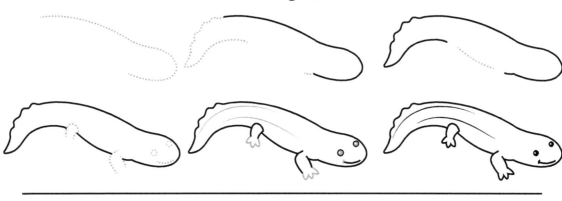

Tritón Crestado del Danubio

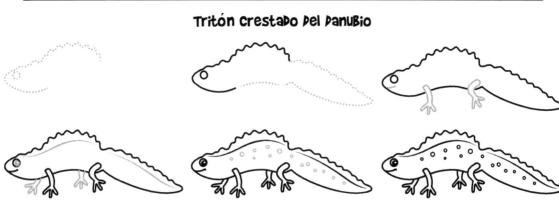

Sapo Común

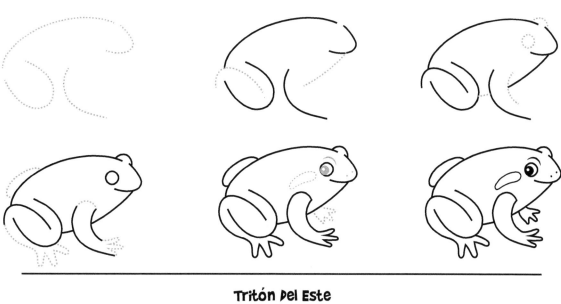

Tritón Del Este

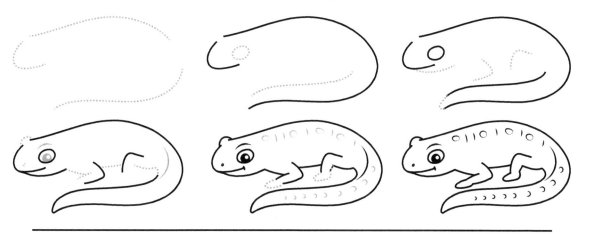

Renacuajo

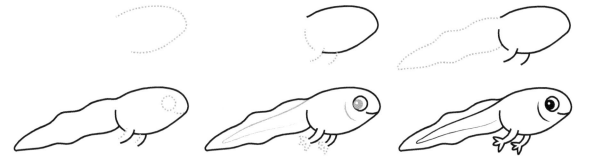

Rana Leopardo Del Norte

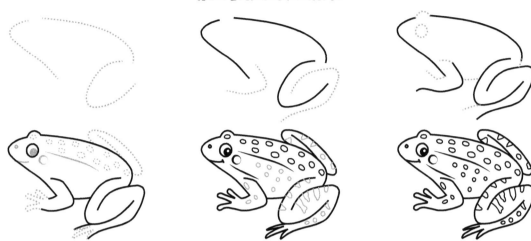

Salamandra Común

Rana De Juncos Común

Rana De Hoja

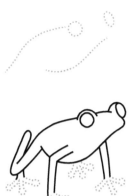  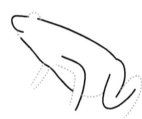

Rana Dorada De Panamá

 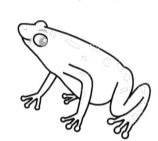 

Rana Musgosa De Vietnam

Chrysopelea

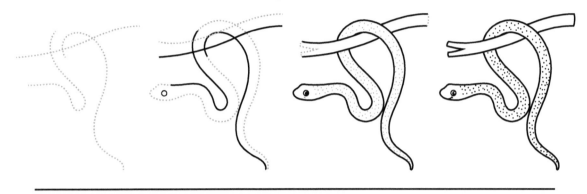

Anaconda

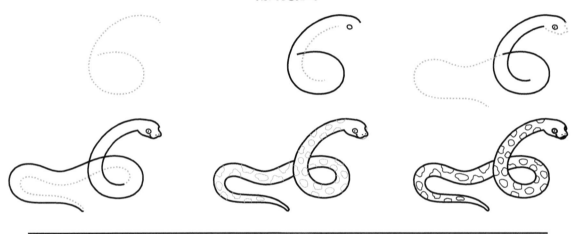

Diablo Espinoso

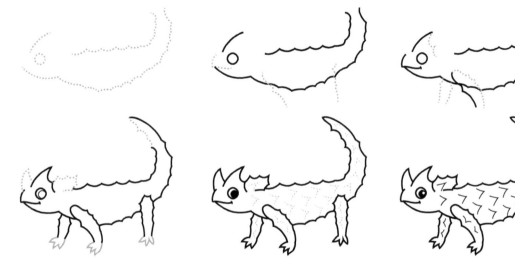

Serpiente Real

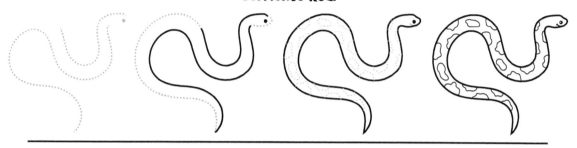

CoBra

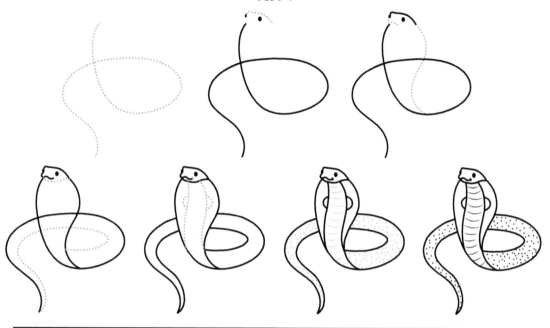

Pitón

Serpiente de Cascabel

Víbora

Serpiente de Vid Asiática

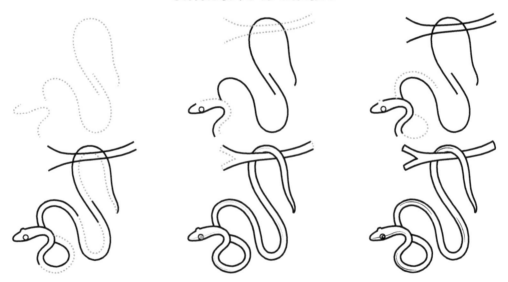

Dragón de Komodo

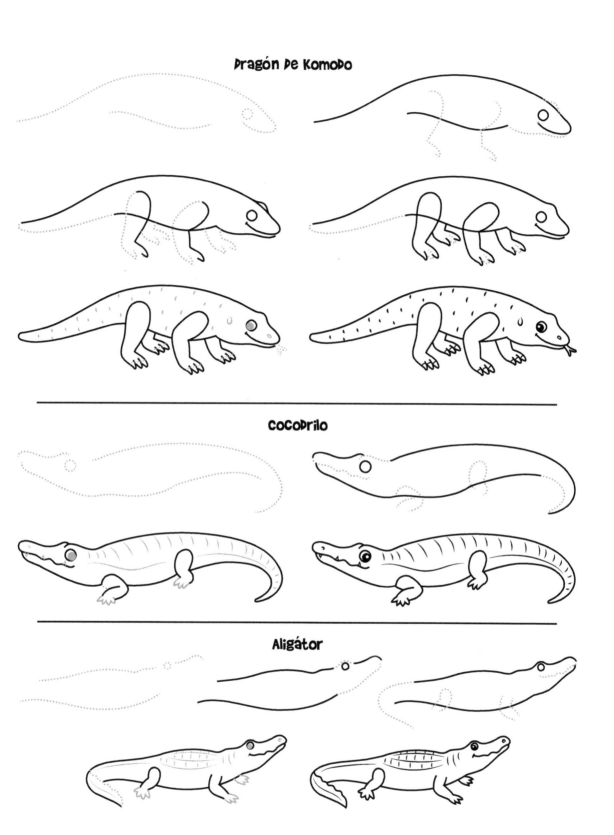

Cocodrilo

Aligátor

Iguana

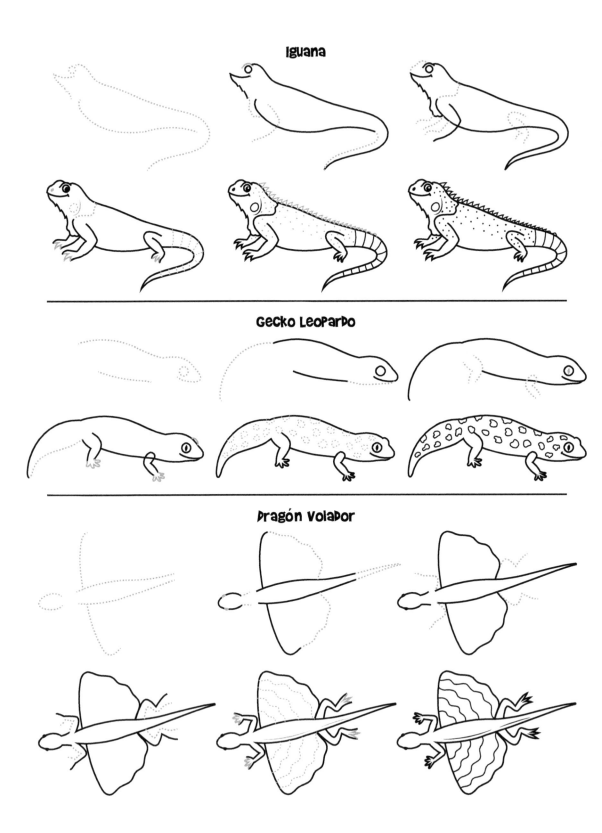

Gecko Leopardo

Dragón Volador

Escinco

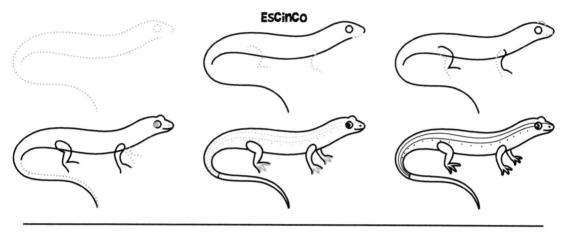

Dragón De Agua Chino

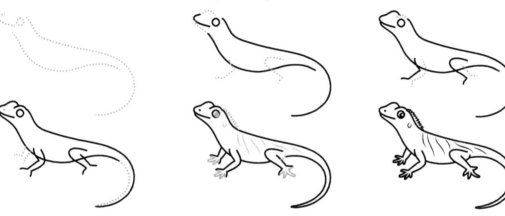

Varano De Garganta Blanca

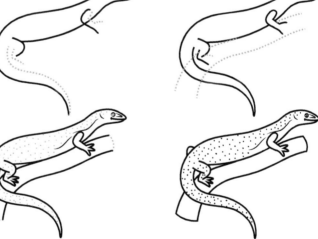

Tortuga Del Desierto

Tortuga

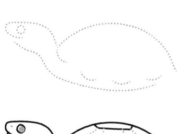
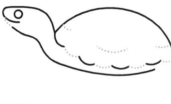
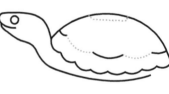
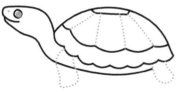

Tortuga De Caja

Gecko Crestado

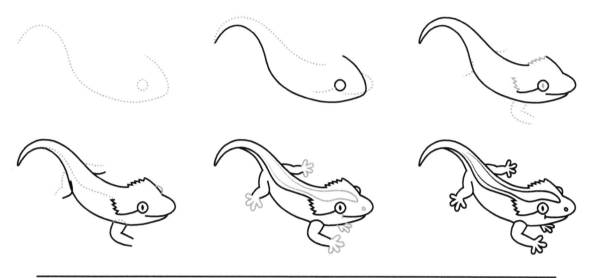

Dragón Barbudo

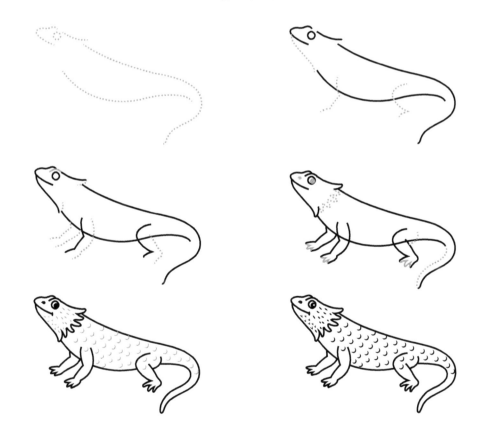

¿Necesitas espacio para practicar?
¡Trátalo aquí!

Animales ACUÁTiCOS

Anguila

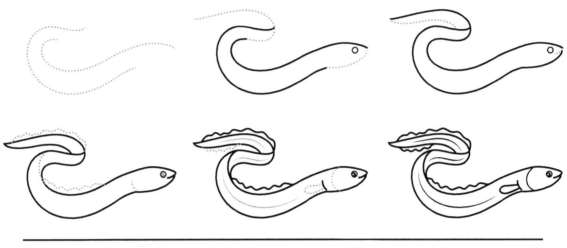

Bacalao

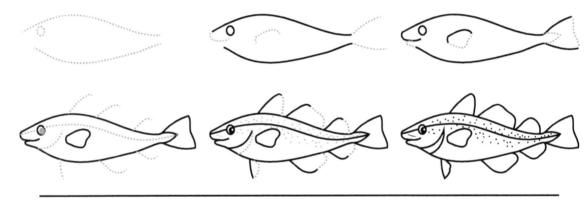

Pez Payaso

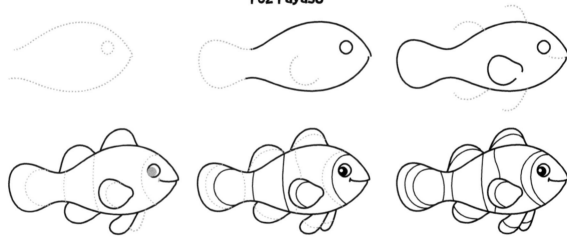

cangrejo

Narval

Manatí

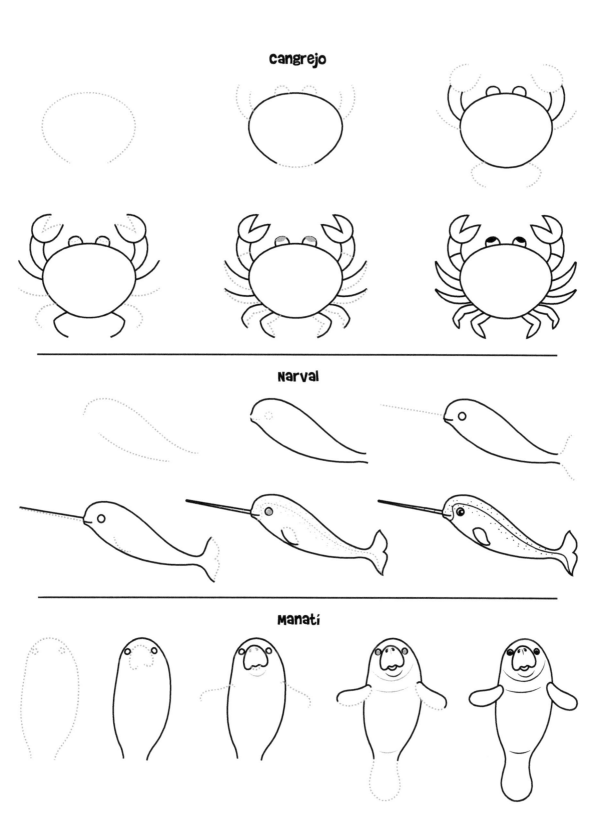

Tortuga Marina

Medusa

Betta

Pez óscar

Delfín

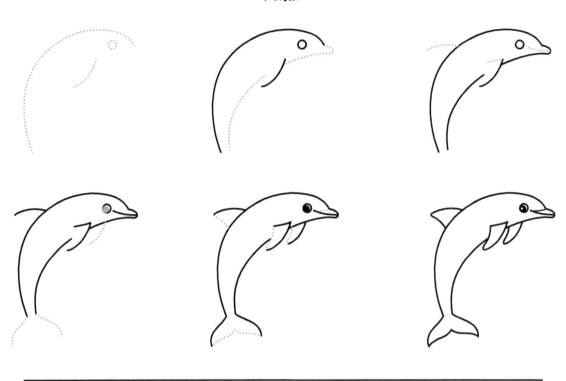

Salmón Rojo

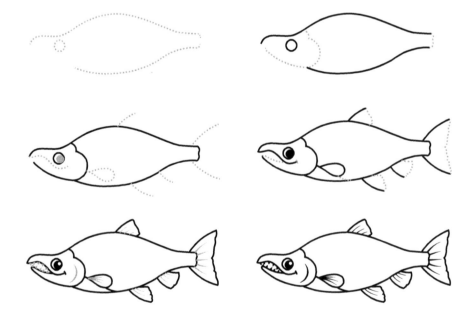

Tiburón Tigre

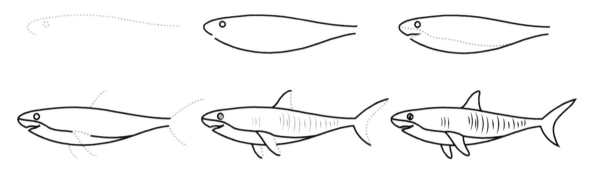

Tiburón Pigmeo

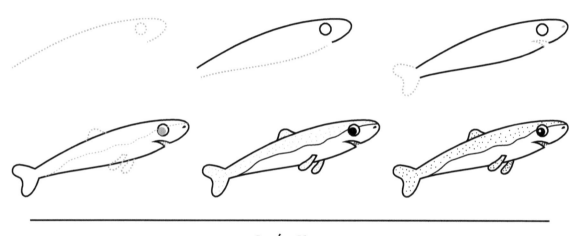

Tiburón Blanco

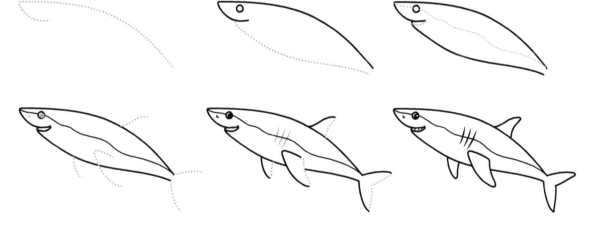

Pez Disco

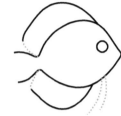

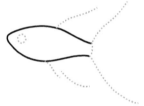
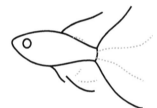

Pez Millón

Pez Dorado

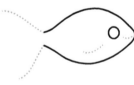

Cola de Espada

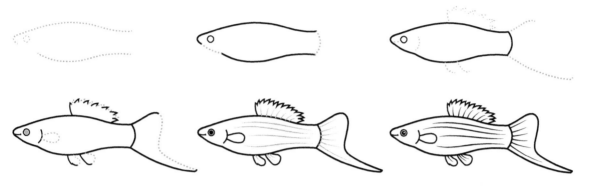

Tetra Neón

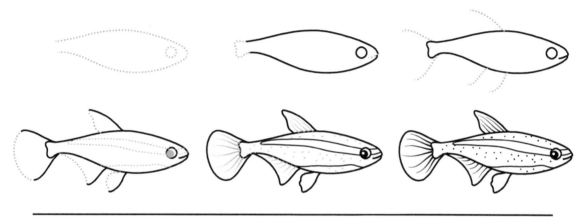

Molly

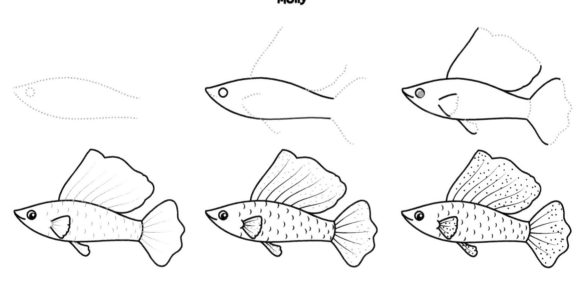

Morsa

Foca Manchada

León Marino de Steller

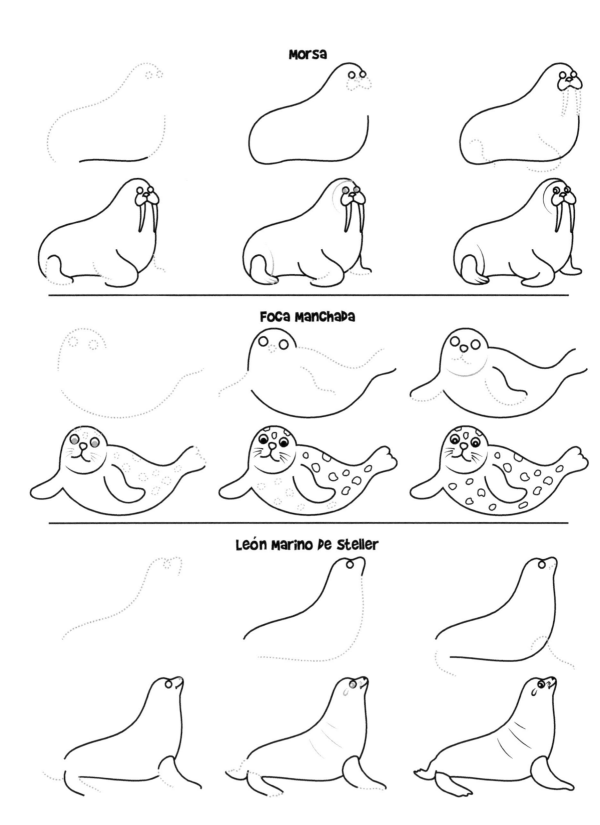

Lubina Rayada

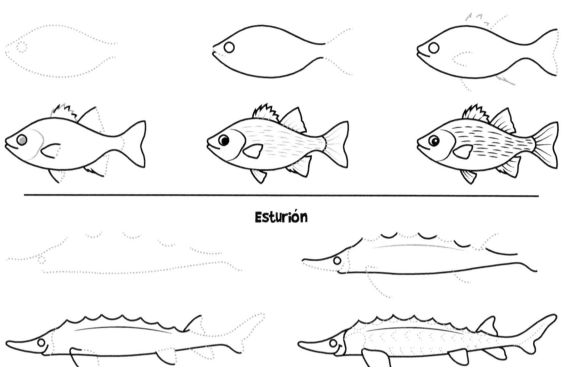

Esturión

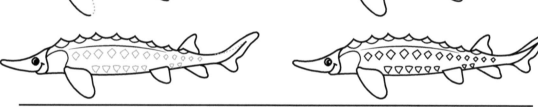

Esturión Blanco

PEZ GloBo

CaBallito De Mar

Trucha

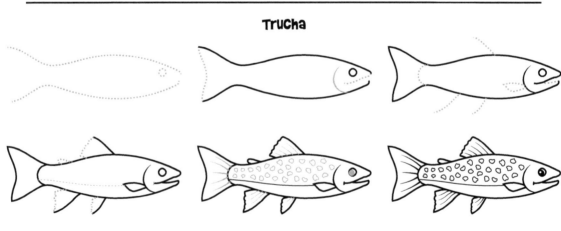

Tiburón Martillo

Pez Espada

Raya Con Púa

Ballena Beluga

Ballena Asesina

Ballena Azul

Langosta

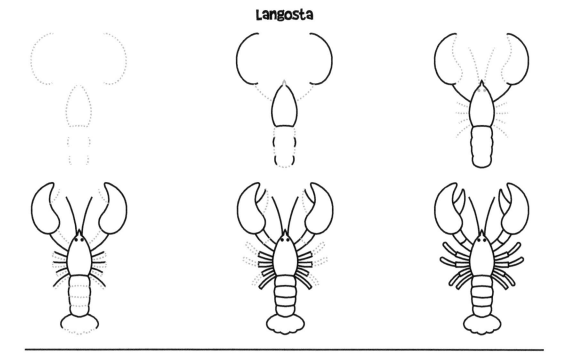

Estrella Del Mar

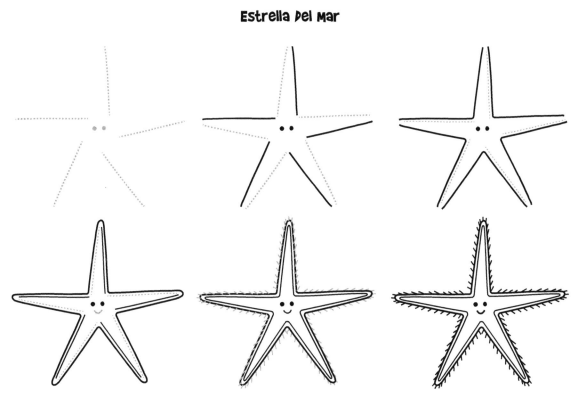

Estrella De Mar Egipcia

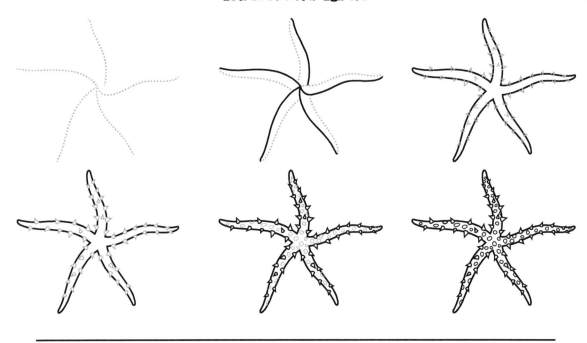

Estrella Del Mar Australiana

Dinosaurios y Animales Extintos

AlBertosaurio

Ornitomimo

Dilofosaurio

Anquiceratops

Alectrosaurio

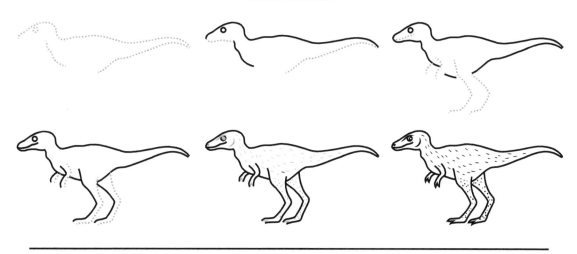

Alosaurio

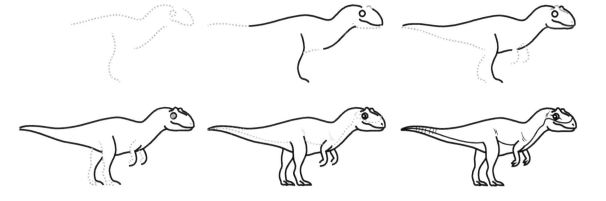

Baryonyx

Apatosaurio

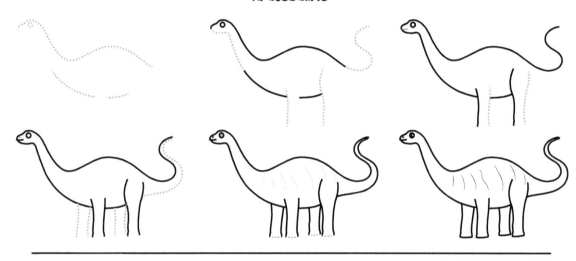

Anquilosaurio

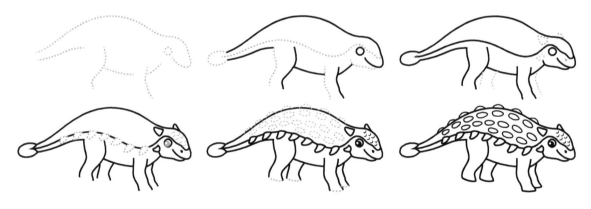

coritosaurio

Deinonico

Coelophysis

Pterosaurio

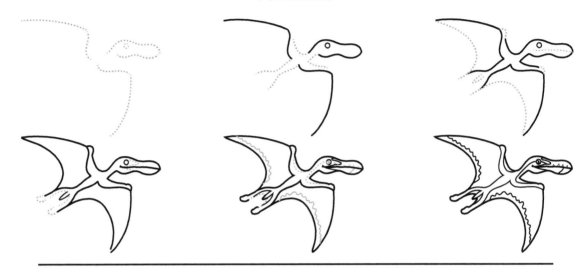

Mamenquisaurio

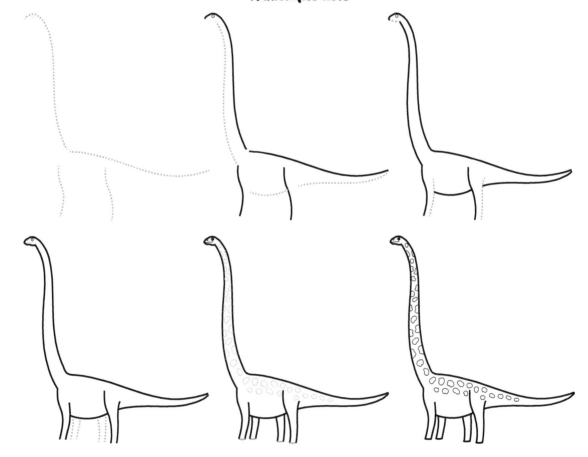

Iguanodonte

Ichthyovenator

Hadrosaurio

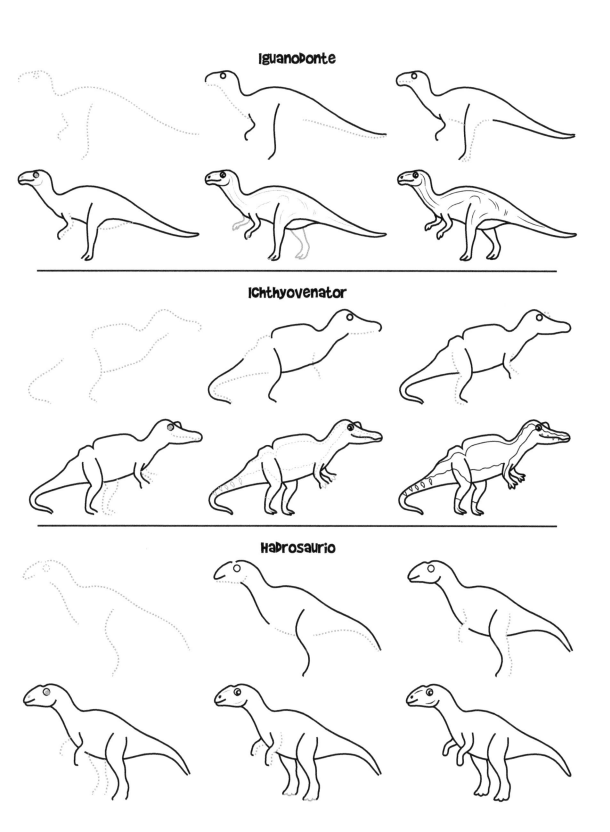

Parasaurolophus

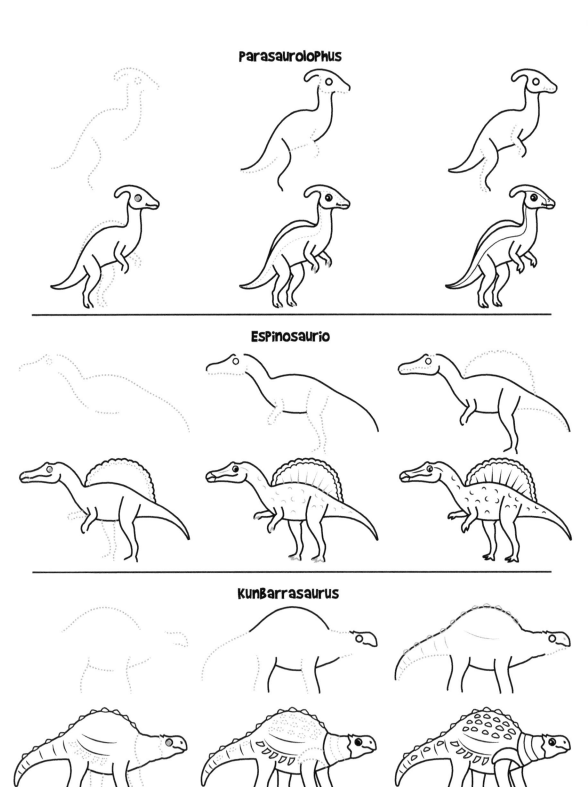

Espinosaurio

Kunbarrasaurus

EuoPlocePhalus

Braquiosaurio

VelociraPtor

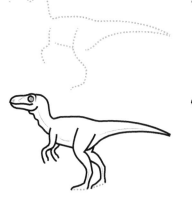

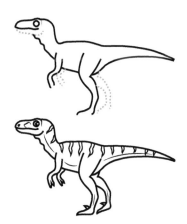

Kentrosaurio

Dilong

Pleurosaurio

Edmontosaurio

Estegosaurio

Lambeosaurio

Estrutiomimo

Lesotosaurio

Gigantosaurio

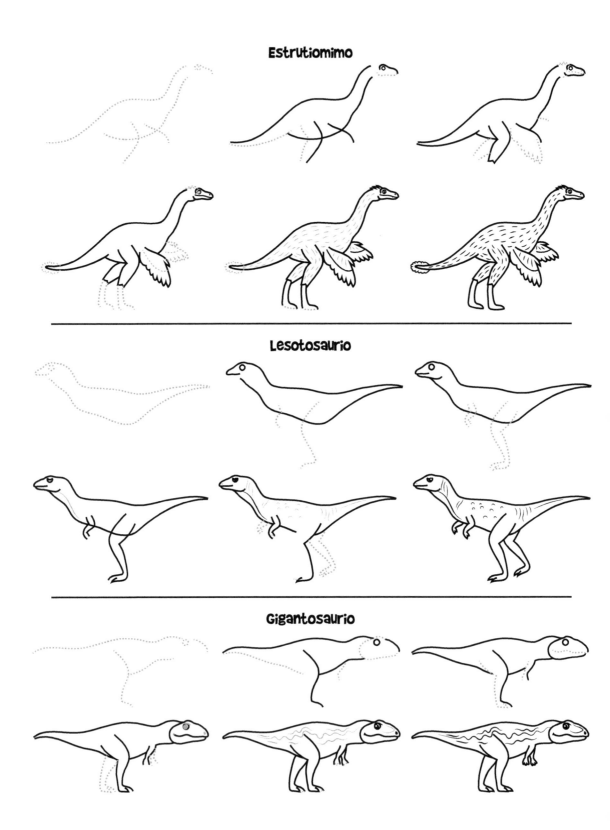

Tiranosaurio Rex

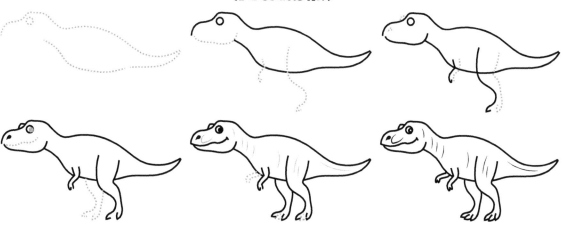

Triceratops

Suchomimus

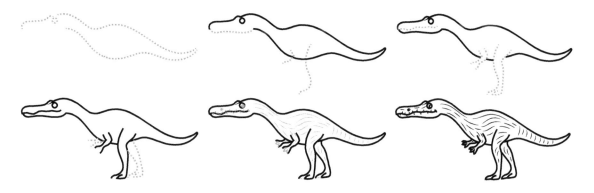

Paloma Pasajera

DODO

Alca Gigante

LoBo Gigante

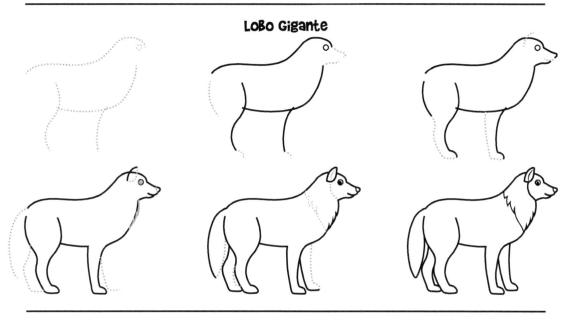

León Americano

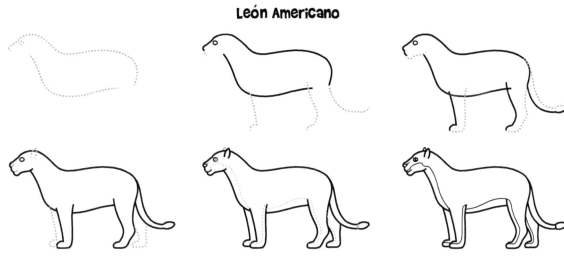

LOBO MARSUPIAL

Tigre Dientes De Sable

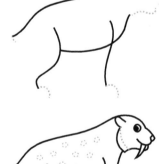

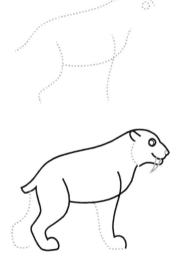

Mamut Lanudo

Paramylodon

camello Americano

uapiti oriental

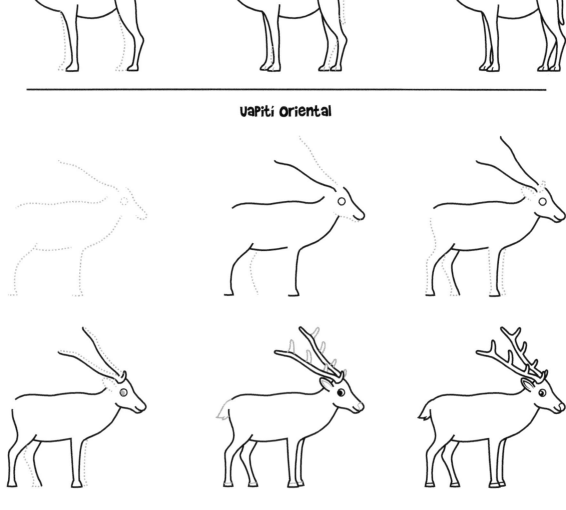

HyPohiPPus

  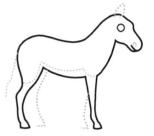

Quagga

 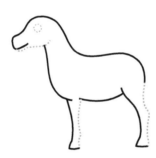 

¿Necesitas espacio para practicar?
¡Trátalo aquí!

Bestias Mitológicas

Fénix

Unicornio

Peritio

Esfinge

Manticora

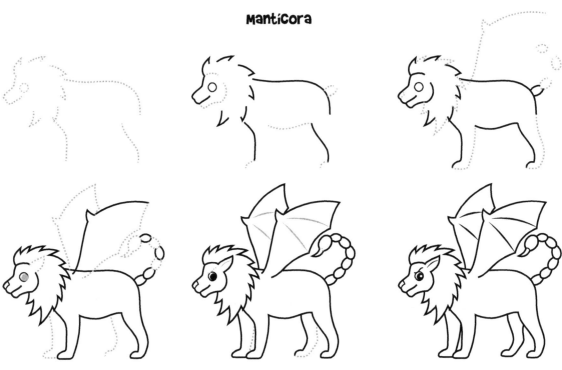

Pegaso

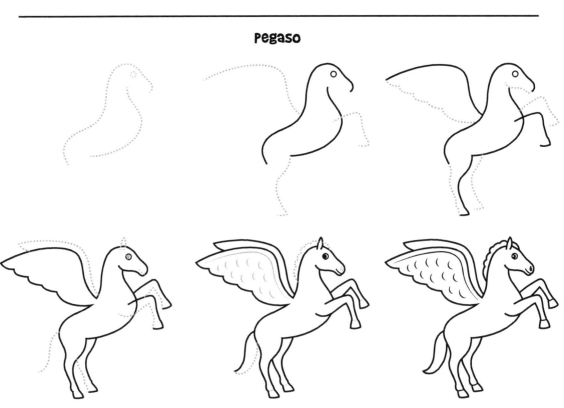

Monstruo del lago Ness

Kraken

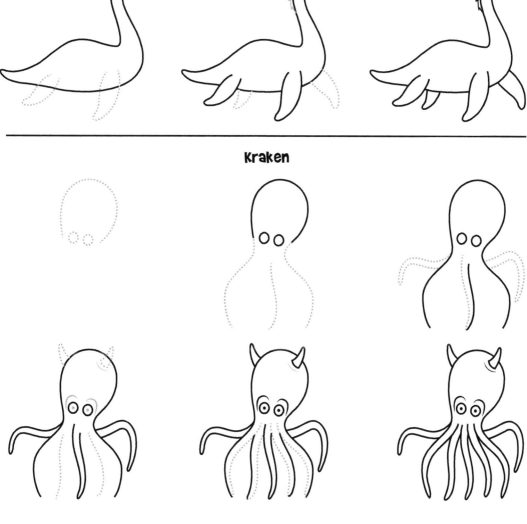

Jörmunganðr

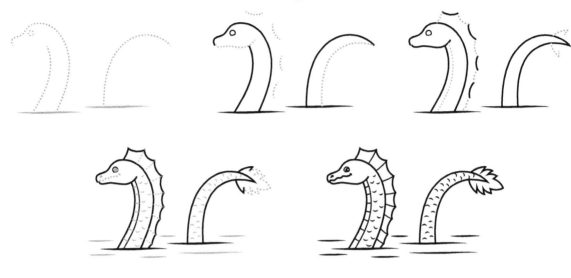

Kirin

HiPoCampo

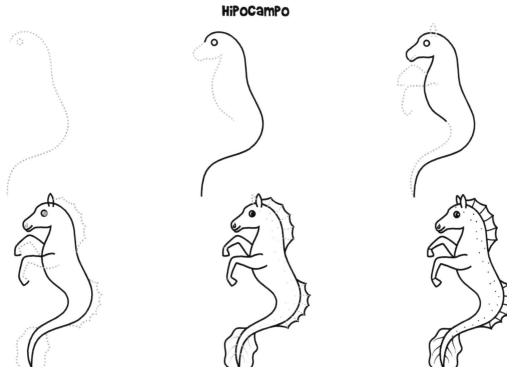

HiPogrifo

cocatriz

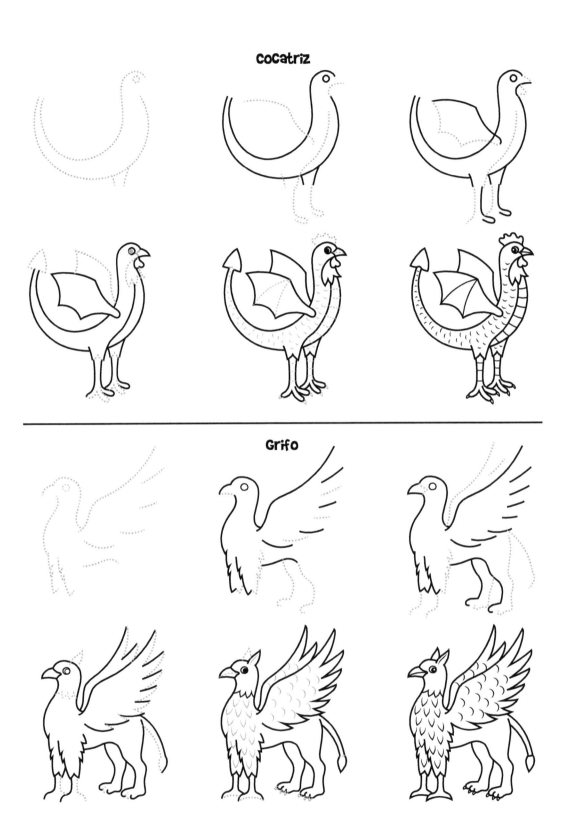

Grifo

Dragón, Oriental

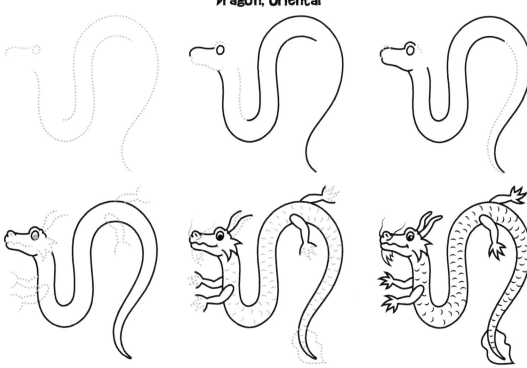

Dragón, Occidental

Quimera

Chupacabra

Basilisco

---

cerBero

¿Necesitas espacio para practicar?
¡Trátalo aquí!

ÍNDICE

G

Gacela, 42
Gallo, 79
Ganso, 73
Gatito Americano De Pelo
      Corto, 20
Gatito De Esfinge Sin Pelo, 20
Gatito De Ragdoll, 21
Gatito De Munchkin, 21
Gatito De Ragdoll, 21
Gatito Siamés, 20
Gato Americano De Pelo Corto, 17
Gato Azul Ruso, 17
Gato Bengala, 18
Gato De Pelo Largo, 18
Gato Esfinge Sin Pelo, 19
Gato Maine Coon, 19
Gato Munchkin, 18
Gato Ragdoll, 19
Gato Siamés, 17
Gavilán Común, 72
Gaviota, 81
Gecko Crestado, 105
Gecko Leopardo, 102
Gerifalte, 72
Gibón, 40
Giganotosaurio, 134
Golden Retriever, 12
Gorila, 38
Gran Danés, 11
Grifo, 150
Grillo, 85
Grulla, 69
Guacamayo Rojo, 77
Guepardo, 34

H

Hadrosaurio, 129
Hámster, 29
Hiena, 52
Hipocampo, 149
Hipogrifo, 149
Hipopótamo, 50
Hormiga Reina, 84
Hormiga, 84
Husky, 10
Hypohippus, 141

I

Íbice Siberiano, 49
Ichthyovenator, 129
Iguana, 102
Iguanodonte, 129
Insecto Palo De La India, 86

J

Jabalí Silvestre, 53
Jaguar, 34
Jerbo, 29
Jirafa, 36
Jörmungandr, 148

K

Kentrosaurio, 132
Kirin, 147
Koala, 48
Kraken, 147
Kunbarrasaurus, 130

L

Labrador Retriever, 13
Lambeosaurio, 133
Langosta, 121
Lechuza Común, 71
Lemur, 39
León Americano, 137
León Marino De Steller, 116
León, 35
Leona, 35
Leopardo De Nieve, 32
Lesotosaurio, 134
Libélula, 85
Lince, 32
Llama, 46
Lobo Gigante, 137
Lobo Marsupial, 138
Lobo, 57
Lubina Rayada, 117
Luciérnaga, 85

M

Mamenquisaurio, 128
Mamut Lanudo, 139
Manatí, 109
Mandril, 40
Mantícora, 146
Mantis Religiosa, 91
Mapache Japonés, 57
Mapache, 56
Mariposa Cola De Golondrina, 90
Mariposa Luna, 90
Mariposa Monarca, 87
Mariposa Ulises, 88
Mariquita, 86
Marmoset, 41
Marmota, 62
Medusa, 110
Molly, 115
Mono Dorado De Nariz Chata, 38
Monstruo Del Lago Ness, 147

Morsa, 116
Mosca Doméstica, 86
Murciélago, 60

N

Narval, 109
Ñu, 51
Nutria, 61

O

Ocelote, 33
Okapi, 36
Orangután, 39
Ornitomimo, 124
Ornitorrinco, 61
Oruga De Mariposa Ulises, 88
Oruga Monarca, 87
Oso Grizzly, 47
Oso Hormiguero, 54
Oso Malayo, 48
Oso Negro, 46
Oso Perezoso, 47
Oso Polar, 48
Oveja, 25

P

Paloma Pasajera, 136
Panda Gigante, 47
Panda Rojo, 48
Pangolín, 53
Paramylodon, 139
Parasaurolophus, 130
Pastor Alemán, 9
Pato, 70
Pavo Real, 80
Pavo, 81
Pegaso, 146
Pelícano, 78
Perezoso, 54
Periquito De Corona Azul, 68
Periquito, 68
Peritio, 145
Pez Disco, 114
Pez Dorado, 114
Pez Espada, 119
Pez Globo, 118
Pez Millón, 114
Pez Óscar, 111
Pez Payaso, 108
Pigargo Gigante, 71
Pingüino, 78
Pitbull, 14
Pitón, 99
Planeador Del Azúcar, 64
Pleurosaurio, 132
Polilla, 90
Pollo, 69
Pomerania, 13

DragonFruit, una impresa de Mango Publishing, publica libros de niño de alta calidad para inspirar un amor de aprender en lectores jóvenes. DragonFruit publica una variedad de títulos para niños, incluyendo a libros de imágenes, series de no ficción, libros de actividades para niños pequeños, libros de actividades para estudiantes de pre-K, títulos de ciencia y educación, y libros del alfabeto. Nuestros libros celebran diversidad, despiertan curiosidad y capturan las imaginaciones de padres e hijos.

Mango Publishing, establecida en el 2014, publica una lista ecléctica de libros de diversos autores. Recientemente Publishers Weekly nos nombró la editorial independiente de más rápido crecimiento en 2019 y 2020. Nuestro éxito es impulsado por nuestra meta principal, que es publicar libros de alta calidad que entretendrán a los lectores, así como también harán una diferencia positiva en sus vidas.

Nuestros lectores son nuestro recurso más importante: valoramos sus contribuciones, sugerencias e ideas. Nos encantaría escuchar de ustedes -- después de todo ¡publicamos libros para ustedes!

Por favor manténganse en contacto con nosotros y síganos en:

Instagram: @dragonfruitkids

Facebook: Mango Publishing

Twitter: @MangoPublishing

LinkedIn: Mango Publishing

Pinterest: Mango Publishing

Boletín electrónico: mangopublishinggroup.com/newsletter

Acompañe a Mango en su recorrido para reinventar la industria editorial un libro a la vez.